"Bruce ofrece un acercamiento fresco a las preguntas comunes en un estilo controversial con una investigación exhaustiva. En una cultura posmoderna, esta conversación es atractiva y no es solo una lección para leer. Al abrazar la duda y honrar los cuestionamientos comunes este libro toma muy en serio a los que están buscando la verdad, sin importar dónde se encuentren en su caminar espiritual. *Las 7 Grandes Preguntas* me ayudaran a tener una conversacion significativa con mi vecino que no sabe que creer y con un amigo que experimento una herida en la iglesia."
Steve Stroope - Pastor/ Autor/ Consultor

"Bruce le ha dado a los pastores y las iglesias un regalo en este libro *Las 7 Grandes Preguntas*. Yo siempre estoy en busqueda de recursos para equipar a la iglesia y así tener un corazón amoroso y relevante como también herramientas efectivas para los que han sido rechazados de la Iglesia y tambien para los que no van a la iglesia.

"Este libro es uno de esos recursos! Las preguntas son mas que apropiadas por donde se encuentra nuestra cultura. Bruce es inteligente y captura a los lectores a través de sus escritos, trayendo la verdad a la luz que apunta a las mejores noticias que existen! No puedo recomendar este libro lo suficiente."
Gary L. Gaddini - Director de Unify
Transforming the Bay with Christ

"Bruce tiene la habilidad única entrar en preguntas complicadas y las hace accesibles con respuestas compasivas y en una forma considerada para las preguntas que nos preocupan."
Mike Bellanti - Lead Pastor, Northbrook Church

"Bruce es el guía perfecto para aquellos buscando la verdad. Su corazón para los buscadores espirituales se adapta perfectamente en el contenido. Cada persona en busqueda espiritual debe decorar este libro."
Shawn Lovejoy - Founder/CEO
Courage to Lead

"He anhelado un recurso como este, para ayudarnos a crecer en nuestra comprensión de la fe. Muchas personas están procesando estas preguntas sobre la fe, pero necesitan un lugar seguro para procesar. Bruce ha hecho un trabajo estelar respondiendo estas importantes preguntas con compasión, claridad y precisión para ayudarnos a comprender los fundamentos del cristianismo."

Bryan Carter - Pastor Principal, Iglesia Concord

"En medio del coro de gritos descuidados, *Las 7 Grandes Preguntas* de Bruce Miller se destaca de una manera refrescantemente. Sus respuestas no son trilladas ni desdeñosas, sino el fruto de alguien que realmente ha escuchado a quienes luchan contra la creencia, y sus respuestas rebosan de la compasión de alguien que ha luchado consigo mismo. Lo que encontrarás aquí no es una declaración de fe sino una sincera invitación a hacer preguntas bien pensadas y buscar respuestas bien pensadas. Si estás buscando la verdad, Miller es una guía humilde, clara y amable." **Caleb M. Click – Pastor Formación Espiritual y Teológica Iglesia Perimeter**

"El corazón no puede regocijarse en lo que la mente rechaza. Bruce Miller entiende bien la necesidad humana de integrar la razón y la evidencia sólida con una fe que pretende ofrecer respuestas a los dilemas de la condición humana. *Las 7 Grandes Preguntas* es una guía clara, concisa y práctica para que los buscadores luchen con sus dudas en su senda del Camino, la Verdad y la Vida." **Dr. Kenneth Boa – Presidente Ministerios Reflections, Omnibus Media y Trinity House**

"Bruce trae la curiosidad de un investigador, el corazón de un pastor y la honestidad de un buscador a preguntas persistentes que me han atormentado toda mi vida. Esta no es una apología seca de la fe cristiana, es más como tener una conversación interesante con un amigo que escucha y me permite continuar con preguntas difíciles una tras otra. Si alguna vez has buscado un libro con respuestas claras y convincentes a las preguntas más desconcertantes de la vida, este es el lugar." **Rowland Forman Fundador de Barnabas School of Leadership Autor de *Mutual Mentoring for Life Transformation***

Las 7 Grandes Preguntas

Copyright © 2022 Global Media Outreach

Derechos Reservados. Ninguna parte de este libro puede ser utilizada o reproducida de ninguna manera, sin permiso por escrito, excepto en el caso de citas breves en artículos críticos o reseñas.

Para solicitar permiso, contacta a:
communications@gmomail.org

Las 7 Grandes Preguntas
en Busca de Dios, la Verdad y el Propósito

Todas las citas bíblicas, a menos que se indique lo contrario, están tomadas de la Santa Biblia, Nueva Versión internacional®, NVI®. Copyright ©1973, 1978, 1984, 2011 por Biblica, Inc.™ Usado con permiso de Zondervan. Todos los derechos reservados en todo el mundo. www.zondervan.com. La NIV" y "New International Version" son marcas registradas en la Oficina de Marcas y Patentes de los Estados Unidos por Biblica, Inc.™

Arte de Portada por David Cocciante
Diseño Interior por Jessica Burnham
Editado en Inglés por Auburn Layman
Traducido y Editado por Lion Lights Productions

ISBN 978-1-68316-025-6

Impreso en los Estados Unidos 2022

Para obtener más información, visita
www.exploregod.com/es

Las 7 Grandes Preguntas:
En Busca de Dios, la Verdad y el Propósito

Dedicatoria

Este libro está dedicado a todos los que están buscando—y a Aquel a quien recurrimos cuando no tenemos respuestas.

Contenido

Dedicatoria i
Contenido ii
Introducción: La Importancia de Hacer Preguntas 1
Capítulo 1: ¿Tiene la Vida un Propósito? 13
Capítulo 2: ¿Existe un Dios? 37
Capítulo 3: ¿Por qué Permite Dios el Dolor y el Sufrimiento? 69
Capítulo 4: ¿Es el Cristianismo Demasiado Estrecho? 101
Capítulo 5: ¿Es Jesús Realmente Dios? 129
Capítulo 6: ¿Es la Biblia Confiable? 157
Capítulo 7: ¿Puedo Conocer a Dios Personalmente?. 199
Conclusión: Nunca Dejes de Explorar 231
Agradecimientos 237
Acerca del Autor 239
Sobre Global Media Outreach 241
Sobre Explora Dios 243

Introducción

La Importancia de Hacer Preguntas

"No creo en Dios", me dijo con confianza.
"!Vaya!", respondí. "¿Por qué no?"
"No hay evidencia de que Dios exista. No hay prueba de que Dios sea algo más que lo que la gente inventó para sentirse mejor", dijo. "Y estoy harto de que mis padres me empujen a la iglesia. Incluso si hubiera un Dios, no merece mi adoración. ¿Has mirado a tu alrededor últimamente? ¿Cómo podría haber un Dios bueno en control del mundo cuando suceden cosas terribles todos los días?"
"Eso es justo", dije. "Tienes razón, el mundo está lleno de dolor y sufrimiento. No tiene ningún sentido."
Sorprendido de escuchar algo así, viniendo de un pastor, hizo una breve pausa. Luego se volvió hacia mí y me miró directamente a los ojos. "Entonces, ¿por qué crees en Dios?" preguntó.

No era la primera vez que me hacían esa pregunta y no será la última. Siempre es interesante ver las reacciones de las personas cuando se enteran, por primera vez, que soy un pastor. El lenguaje corporal cambia: las personas se sienten más erguidas o cuadran los hombros a la defensiva, y los patrones del habla cambian: las personas comienzan a observar su lenguaje, algunas se vuelven demasiado educadas y otras casi hostiles. Pero ese día, pude sentir que la pregunta de este joven era sincera; él realmente quería saber mi respuesta. La conversación no fue un debate, un juego o una discusión. Había un matiz de anhelo esperanzado en el tono de su voz, como para comunicar su deseo de ver algo que pudiera señalar la realidad de Dios. Aunque tú vas a tener que leer este libro para obtener mi respuesta (oye, no pensaste que te la dejaría tan fácil, ¿o, sí?), el joven escuchó en silencio mi respuesta y luego hizo una pregunta de seguimiento: *¿Cuánto tiempo me llevará darme cuenta si Dios es real o no?*

Y la verdad es que no sé la respuesta a esa pregunta. Ni para él, ni para ti. Tal vez eres bastante escéptico de que haya un Dios ahí afuera, pero tienes curiosidad. Tal vez sabes que crees en Dios, pero no estás seguro de cómo responder cuando alguien te pregunta por qué lo haces. Esto es lo que sí sé: Explorar a Dios es un esfuerzo digno. Vale la pena hacer preguntas como estas; sus respuestas, vale la pena buscarlas.

Introducción

Explora Dios

Hace unos años, hice un viaje para ver a mi hija, mi yerno y mis nietos en Austin, Texas. Mientras estaba allí, noté letreros por todas partes con mensajes simples y consistentes: "Todos tenemos preguntas. Todos dudamos. Explora a Dios". Había señales de patio en el frente de las casas de las personas, pancartas fuera de las iglesias y vallas publicitarias en la carretera. Me preguntaba qué estaba pasando. Como Google lo sabe todo, hice una búsqueda rápida y encontré ExploreGod.com.

Por lo general, estoy en un sitio web solo por unos segundos, tal vez un par de minutos. Pero ese día me encontré viendo video tras video, leyendo artículo tras artículo. Aunque la sección de "Quienes Somos" decía que Explora Dios era compuesta por un equipo de cristianos, estaba viendo algo que nunca antes había visto en un sitio web cristiano. En los videos, observé a personas de diferentes etnias, antecedentes y edades (artistas, empresarios, pastores, teólogos, escritores) contar historias reales de sus caminos de fe. Todos fueron (¡incluso los líderes de la iglesia!) honestos sobre sus dudas, transparentes sobre sus luchas pasadas y actuales, y sinceros al compartir sus respuestas a las preguntas difíciles que se les hacía.

En los artículos, vi un enfoque único para compartir respuestas cristianas a preguntas espirituales difíciles. Todo fue presentado de manera casual y conversacional. Se sentía como si estuviera luchando en cada pregunta con el autor, en lugar de que solo me dijeran lo que se suponía debía creer que era "la" respuesta. Tuve la sensación de que todo lo que querían hacer era permitir que una persona descubriera respuestas a través de su propia exploración de Dios, la Biblia y la fe.

Cuando hallé mi camino a su página de Facebook, encontré exactamente lo que me pareció que estaban tratando de crear: un lugar seguro y sin prejuicios para hacer preguntas difíciles y explorar la verdad. No parecía importar cuál era tu origen, dónde estabas en tu camino de fe, o en lo que creías (o no creías). Eras bienvenido a hacer tus preguntas, buscar la verdad y explorar respuestas con la comunidad. Pude identificarme con mucho de lo que vi allí. He hecho muchas preguntas difíciles sobre Dios y la Biblia tanto antes, como después de convertirme en pastor.

Más tarde hablé con mi hija y supe que su iglesia, junto con cientos de personas de más de una docena de diferentes denominaciones, se estaban reuniendo para invitar, a toda la ciudad, a explorar juntos algunas de las grandes preguntas de la vida, a través de una serie de sermones y grupos de discusión llamadas Las 7 Grandes Preguntas. Las iglesias estaban alentando a las personas de cualquier fe, o sin ella, a explorar a Dios formulando con libertad, preguntas que

Introducción

normalmente no se sentirían cómodos haciendo en un entorno religioso tradicional. Todos evitamos, naturalmente, las cosas que tememos que nos hagan sentir vergüenza. Los cristianos pueden dudar en preguntar porque sienten que ya deberían "saber" las respuestas y les preocupa que sus preguntas muestren falta de fe. Los no cristianos pueden haber tenido malas experiencias con la religión en el pasado y simplemente no se sienten seguros para expresar sus curiosidades o dudas. Pero la idea aquí era arrojar luz sobre nuestras dudas, no ignorarlas. Yo estaba intrigado.

Dos años más tarde, cientos de iglesias en el área de Dallas, incluida la mía, se unieron para hacer una iniciativa como la que vi en Austin. Ese otoño hicimos la serie Las 7 Grandes Preguntas en nuestra iglesia a través de sermones y grupos de discusión. Grupos pequeños se reunían en casas, cafeterías y restaurantes para ver videos de Explora Dios y hablar sobre algunas de las preguntas espirituales difíciles. En mi casa todas las semanas se reunía un grupo formado por ateos, personas con mentalidad espiritual, y una pareja cristiana. Los videos generaron conversaciones ricas y desafiantes. Cuestionamos las suposiciones de los demás, y las nuestras. En esas noches reíamos y bromeábamos pero también compartíamos nuestros corazones. Nos vimos obligados a profundizar y explorar más sobre lo que creíamos y por qué.

Las 7 Grandes Preguntas

Aunque todos tenemos luchas individuales, algunas dudas son más universales que otras. En este libro veremos siete de las grandes preguntas de la vida que muchos de nosotros compartimos basadas en la serie de Explora Dios y acertadamente nombrada Las 7 Grandes Preguntas:

- ¿Tiene la vida un propósito?
- ¿Existe un Dios?
- ¿Por qué permite Dios el dolor y el sufrimiento?
- ¿Es el cristianismo demasiado estrecho?
- ¿Es Jesús realmente Dios?
- ¿Es la Biblia confiable?
- ¿Puedo conocer a Dios personalmente?

Pero déjame bajar tus expectativas desde el principio. Es poco probable que tengas todas tus preguntas respondidas en este libro. De hecho, es mucho más probable que te vayas con preguntas de seguimiento, como el joven que mencioné anteriormente. Es posible que tus dudas no sean erradicadas (y tampoco podrás borrar por completo las de nadie más), pero con suerte, lo que encontrarás son percepciones e información que te ayudarán a descubrir, repensar y solidificar tus creencias. No estoy aquí para decirte qué creer o para obligarte a aceptar

Introducción

algo a ciegas. Es de vital importancia que cada uno de nosotros nos apropiemos de nuestra fe. No es suficiente creer en algo simplemente porque alguien te lo dijo; no hay profundidad en eso. Debemos ser críticos e intencionales en la búsqueda de la verdad, y dejar que las respuestas que descubramos informen nuestras creencias. Como dice Explora Dios, son las realizaciones que descubrimos en nuestros propios términos las que tienen el potencial de transformar nuestras vidas.

> Son las realizaciones que descubrimos en nuestros propios términos las que tienen el potencial de transformar nuestras vidas.

Jesús mismo animó a sus seguidores a profundizar en su pensamiento y fe haciéndoles preguntas. De hecho, la Biblia registra a Jesús haciendo más de 225 preguntas diferentes.[1] También dijo: "Pidan, y se les dará; busquen, y encontrarán; llamen, y se les abrirá. Porque todo el que pide, recibe; el que busca, encuentra; y al que llama, se le abre".[2] Me encanta una particular cita del novelista ruso Fyodor Dostoyevsky: "Creo en Cristo y lo confieso no como un colegial; pero mi hosanna ha pasado por un gran horno de duda".[3] Es del fuego refinador de la duda que pueden surgir fuertes convicciones, forjadas por el acto de buscar respuestas a nuestras preguntas difíciles.

Todos luchamos por comprender el mundo que

nos rodea y las implicaciones de la idea de que existe un poder superior que lo creó todo. La duda a menudo tiene una mala reputación, especialmente en entornos cristianos, pero puede ser muy productiva. Puede paralizarnos, sí, pero también puede impulsarnos a buscar la verdad. El progreso real proviene de hacer preguntas y buscar respuestas con seriedad. En mi vida, los momentos de profunda duda y sincero cuestionamiento me han ayudado a crecer más personal, relacional y espiritualmente. El proceso de cuestionar y explorar respuestas tiene el poder de abrir mentes, dar lugar a nuevas ideas, revelar nuevos horizontes y cambiar nuestras vidas.

Enfrentando Nuestras Dudas

Cuando comenzamos este libro, nadie había oído hablar de COVID-19. Pocas personas habían experimentado alguna vez una cuarentena. Casi nadie con vida había pasado por una pandemia. Cuando la Organización Mundial de la Salud declaró el brote del nuevo Coronavirus como una pandemia global, el 11 de marzo de 2020, sacudió al mundo. Todo lo que sabíamos, todo lo que aceptábamos como el día a día normal de la vida, cambió. En lugar de ir a la escuela, el trabajo o la iglesia, nos refugiamos en un solo lugar. No sabíamos si podíamos abrir el correo de manera segura, recoger comida de los restaurantes o ir al médico. En

Introducción

todo el mundo, vimos una gran escasez de suministros básicos de higiene y médicos. El simple hecho de abrazar a un miembro de la familia, o incluso estar en la misma habitación con ellos, pasó de ser una muestra de afecto a una amenaza potencial para la salud.

De repente, el mismo aire que respirábamos parecía inseguro. El pánico se extendió, como sucede a menudo ante el miedo y la incertidumbre, especialmente cuando se combina con un recordatorio tan fuerte de nuestra mortalidad. Nuestra salud mental se deterioró. Según la Organización Mundial de la Salud, la prevalencia mundial de la ansiedad y la depresión aumentó en un "25% masivo".[4] También tuvo un impacto inevitable en los pensamientos de las personas sobre Dios y su relación con la fe. Según la *Revista de Comportamiento y Organización Económica*, "Durante los primeros meses de la pandemia las búsquedas de oración en Google, en relación con todas las búsquedas de Google, aumentaron un 30%, alcanzando el nivel más alto jamás registrado".[5] Sus estimaciones indican que para el 1 de abril de 2020, más de la mitad de la población mundial había orado por el fin de la pandemia y el coronavirus.[6]

> El teólogo Paul Tillich escribió: "La duda no es lo opuesto a la fe; es un elemento de la fe".

Incluso antes de la pandemia, casi todos los cristianos (incluyéndome a mí) experimentaron temporadas de lucha con serias dudas y preguntas sobre su fe. Ese proceso a menudo, lo lleva a uno más profundo en su exploración de Dios. El teólogo Paul Tillich escribió: "La duda no es lo opuesto a la fe; es un elemento de la fe".[7] Mientras estés aquí con nosotros, te invitamos a aceptar tus dudas, hacer tus preguntas y buscar la verdad. No todas las preguntas que hagas tendrán una respuesta clara. El misterio abunda en esta vida, y hay realidades espirituales que exceden nuestro entendimiento. Pero estoy de acuerdo con el teólogo Peter Abelard cuando dijo: "El cuestionamiento constante y frecuente es la primera clave de la sabiduría... Porque a través de la duda somos llevados a investigar, y mediante la investigación percibimos la verdad".[8]

Ni yo ni Explora Dios estamos aquí para darte las respuestas a tus preguntas. Estamos aquí para guiarte en tu camino a descubrir la verdad a medida que exploras a Dios por ti mismo. Entonces empecemos.

Notas finales para el Introducción

[1]. Roy Zuck, *Teaching as Jesus Taught* (Eugene, OR: Wipf and Stock Publishers, 2002), 237.
[2]. *La Santa Biblia*, Nueva Versión Internacional © 2011, Mateo 7:7–8.

Introducción

3. Fyodor Dostoyevsky en su úlimo cuaderno (1880–1881) como se cita en K. A. Lantz, *The Dostoevsky Encyclopedia* (Greenwood Publishing Group, 2004), 357.

4. "La pandemia de COVID-19 provoca un aumento del 25 % en la prevalencia de la ansiedad y la depresión en todo el mundo", Organización Mundial de la Salud, 2 de marzo de 2022, https://www.who.int/news/item/02-03-2022-covid-19-pandemic-triggers-25-increase-in-prevalence-of-anxiety-and-depression-worldwide.

5. Jeanet Sinding Bentzen, "In crisis, we pray: Religiosity and the COVID-19 pandemic," *Revista de Comportamiento y Organización Económica*, vol. 192 (2021), 541–583, doi:10.1016/j.jebo.2021.10.014. Este informe se basa en datos diarios y semanales de búsquedas de Google en 107 países.

6. Ibid. Las búsquedas de oración se mantuvieron un 10 % más altas que antes durante 2020, particularmente en Europa y las Américas.

7. Paul Tillich, *Teología Sistemática*, vol. 2 (Chicago: Prensa de la Universidad de Chicago, 1975), 116–117.

8. Peter Abelard, como se traduce en Frank Pierrepont Graves, A History of Education during the Middle Ages and the Transition to Modern Times (1918), edición de 2005, 53.

Capítulo 1

¿Tiene la Vida un Propósito?

"Los sueños en los que me estoy muriendo son los mejores que he tenido". — *"Mad World",*
Tears for Fears[1]

¿Cuántos de nosotros nos hemos identificado con este sentimiento en algún momento de nuestras vidas? Esta letra toca una vena común de miedo que nos atraviesa a todos. Podemos esperar, o incluso creer, que hay una razón por la cual estamos aquí, pero a veces, cuando nos quedamos despiertos por la noche, nos preocupamos de que la vida no tenga un significado real. Tememos que no haya ningún propósito en todo nuestro esfuerzo y lucha. En estos tiempos, si eres como yo, podrías preguntarte: *¿Cuál es el punto?* Fyodor Dostoyevsky escribió una vez: "El secreto de la existencia humana no solo está en vivir, sino también en saber para qué se vive".[2] El solo hecho de sobrevivir no satisface nuestra necesidad de vivir con un propósito. Todo el mundo quiere que su vida tenga sentido. Pero querer algo no lo hace una realidad. Entonces queda la pregunta: *¿Tiene la vida un propósito?*

    Me encuentro con esta pregunta incluso en el mejor de los momentos. Un buen ejemplo es el fin de semana que mi esposa Tamara y yo viajamos a Boston para visitar a nuestro hijo Jimmy. Emily, su esposa, acababa de dar a luz a nuestro primer nieto, Theodore James Miller, Theo para abreviar. Había algo profundo en ver a mi hijo sosteniendo a su hijo. El gozo fue intenso y penetrante, más allá de las palabras. Pero también fue un recordatorio abrumador de la brevedad de la vida.

    Francamente, se siente raro ser abuelo. Soy demasiado joven para eso... ¿Correcto? (Solo dime que sí). Sé que todos envejecemos, pero aún me sorprende notar que estoy envejeciendo. En estos días me miro en el espejo y pienso, *¿Quién es ese?* Mi imagen mental de mí mismo no coincide con la persona que veo en el espejo. La vida pasa rápido. Uno de mis buenos amigos perdió recientemente a su padre. En el servicio conmemorativo, la gente habló sobre quién era él y lo que había hecho; fue una hermosa celebración de su vida. Me encontré preguntándome, *cuando me entierren, ¿Qué dirán? ¿Habrá tenido mi vida algún sentido real? ¿Habré hecho una diferencia?* A veces a altas horas de la noche esas preguntas me susurran con urgencia: ¿He vivido bien mi vida? ¿Ha importado mi vida?

Pensamientos de Suicidio

Recuerdo haber cuestionado el propósito de la vida, seriamente y por primera vez, en la primavera de mi primer año de secundaria. Como muchos adolescentes, pasé por un momento oscuro. En esos días luché por encontrar algo que hiciera que la vida valiera la pena. Parecía que el mundo estaba lleno de tanto dolor y sufrimiento y que siempre lo estaría. En ese momento, tenía pocos amigos y no encajaba bien en ningún lado. No era atleta ni sacaba buenas notas. Pensé: *vas a bachillerato con la esperanza de ingresar a la universidad. Te gradúas con la esperanza de conseguir un trabajo. Te casas con la esperanza de tener hijos, solo para enviarlos a la escuela. Entonces envejeces y mueres. ¿Cuál es el punto?*

Mi trasfondo cristiano no me ayudó a emocionarme por la vida; después de todo, la Biblia enseña que es mejor estar con Dios, en el cielo, que aquí en la tierra. Consideré seriamente quitarme la vida. Un día, finalmente le expliqué a mi papá lo que estaba pensando. Le dije que me parecía mejor morir que vivir, y le compartí mi pensamiento de que todos podríamos ir al cielo lo antes posible. Mi papá afirmó mis sentimientos tanto sobre el dolor en el mundo, como la promesa de algo mejor que esta vida. Pero luego señaló que si estaba basando mis pensamientos en lo que dice la Biblia sobre el cielo, también tenía que considerar lo que dice sobre la vida aquí en la tierra. Dios nos dice que vivamos para los demás y en última instancia el suicidio es una elección trágica que nadie debería tomar. No puedes salir corriendo de este mundo sin causar a otros el dolor del que estás tratando de escapar. Las palabras de mi padre tenían sentido para mí. Estoy agradecido todos los días por no haber tomado esa decisión.

Pero a pesar de esta realización personal, algunos años más tarde el tema del propósito de la vida volvió a pesar mucho sobre mí durante mi trabajo de doctorado en la Universidad de Texas en Dallas. Mis estudios se centraron en posmodernismo, y bebí profundamente de la deconstrucción y la teoría crítica. Leímos a Jacques Derrida y Friedrich Nietzsche, entre otros. Con las herramientas de la teoría crítica, deconstruimos cada cosmovisión y metanarrativa que intentaba dar sentido a esta vida. Por un tiempo, me pareció que ninguna filosofía, religión o visión del mundo se mantenía completamente firme. Todas eran sospechosas, todas sujetas a críticas. Cada una era simplemente un punto de vista influenciado por la cultura de su autor y en gran medida, contingente a su lugar en la historia. Nietzsche, que con su atrevido nihilismo enfrentó valientemente la oscuridad de la nada, parecía el más honesto: Vivimos. Morimos. Eso es todo.

Entonces, ¿tiene la vida un propósito, o nada de esto tiene sentido? ¿Es la respuesta de la iglesia—por supuesto que hay un propósito superior aquí—verdad? Pero si ese es el caso, ¿por qué la vida se siente vacía tan a menudo?

Enfrentando la Pregunta

Esta es una pregunta muy real que presiona a muchas personas en todo el mundo, y lo ha hecho a lo largo de la historia. A veces la pregunta surge en un momento de crisis. Otras veces, proviene de un lugar de fatiga o aburrimiento total con la vida cotidiana. Incluso si no te estás preguntando cuál es el propósito de la vida en este momento, es probable que lo hayas hecho en alguna oportunidad. O tal vez un amigo ha estado haciendo alguna versión de esta pregunta y tú quieres ayudarlo a lidiar con ella y encontrar respuestas.

Si no es algo con lo que estás luchando en ese momento, puede ser demasiado fácil descartar las dudas, preguntas e inquietudes de otras personas. Quieres decirles que dejen de preocuparse y acepten que hay cosas que nunca entenderemos. Y cuando eres tú quien hace la pregunta, es tentador ocuparte con el trabajo, la familia y los pasatiempos, tratando de distraerte lo suficiente para evitar el problema. Hoy más que nunca es fácil esquivar preguntas serias al pasar tiempo libre interactuando con nuestras pantallas, siempre presentes, en lugar de la vida que nos rodea. Pero descartar los miedos de alguien o esconderte de tus propias luchas, no ayuda a nadie.

Una Respuesta Inesperada de la Biblia

Puede que ya estés dudando ante la mención de la Biblia. Es posible que no creas que es una fuente de verdad confiable y si es así, no hay problema. Hay un capítulo completo sobre eso, pronto, así que solo quédate conmigo aquí por un momento más.

La Biblia toma en serio la pregunta sobre el propósito de la vida. De hecho, un libro entero está dedicado al tema. Se llama Eclesiastés y es un texto bastante intrigante. El orador en Eclesiastés, probablemente el rey Salomón, responde a la pregunta con un rotundo *no*. "¡Lo más absurdo de lo absurdo, —dice el Maestro—, lo más absurdo de lo absurdo, ¡todo es un absurdo!"[3] Bueno, no sé ustedes, pero eso no es lo que yo esperaba de la Biblia.

Como muchos de nosotros, Salomón siente que la vida no ofrece ninguna satisfacción permanente. Consigues una novia, al principio crees que ella te hará feliz pero pronto el romance se desvanece. Estás ganando dinero y te sientes muy bien al respecto, pero luego te enteras del aumento de tu amigo. De repente te sientes inadecuado. Entras en el equipo, pero pierdes el campeonato. Compras cosas. Obtienes la promoción. Haces todas las cosas que se supone debes hacer. ¿Y qué? Nada de eso te mantiene feliz para siempre. Nada satisface permanentemente. Todavía experimentas sentimientos furtivos de vacío, de incompletitud, de descontento. O tal vez es la monotonía de la vida lo que te atrapa. Otro pañal que cambiar, otro trato que cerrar, otra cena que preparar. La rutina diaria es agotadora y abrumadora. Es fácil comenzar a perder cualquier sentido de un propósito mayor.

Un Eco en la Música

Muchas grandes obras de la literatura, música y cine reflejan la desesperación que sentimos cuando no logramos encontrarle sentido a la vida. Varios compositores contemporáneos han cuestionado el propósito de la vida, preguntándose si algo en la existencia realmente importa. Algunos de ellos se parecen mucho a Salomón en Eclesiastés. Echemos un vistazo.

"Changes (Cambios)," Tupac

"No veo cambios. Me despierto por la mañana y me pregunto: '¿Vale la pena vivir la vida? ¿Debería acabarme a mí mismo?'"[4] Algo bastante deprimente, ¿verdad? Bueno, lo supiera o no, Tupac estaba haciendo eco a un sentimiento que Salomón expresó miles de años antes: "Y consideré más felices a los que ya han muerto que a los que aún viven".[5] No suena muy "cristiano", pero ahí lo tienes.

"Bohemian Rhapsody," Queen

Queen anticipó las preguntas de Tupac en su canción de 1975: "¿Es esta la vida real? ¿Es esto solo fantasía? Atrapado en un deslizamiento de tierra, sin escape de la realidad.... Nada importa realmente; cualquiera puede ver. Nada importa realmente; nada me importa a mí".[6] ¿Suena familiar? Las líneas finales de Queen se parecen mucho al estribillo de Salomón sobre "lo más absurdo".

"Dust in the Wind (Polvo en el Viento)," Kansas
"Solo una gota de agua en un mar sin fin. Todo lo que hacemos se derrumba en el suelo, aunque nos negamos a ver. Polvo en el viento. Todo lo que somos es polvo en el viento".[7] En mis años de angustia adolescente, canté estas palabras con profunda incertidumbre. La famosa canción de Kansas se parece notablemente a varios pasajes de Eclesiastés, tales como: "El viento sopla hacia el sur y luego gira hacia el norte. Da vueltas y vueltas soplando en círculos".[8]

Escuchando con Compasión

En algún momento de tu vida, es posible que hayas llegado a un punto en el que todo parecía inútil y cantaste letras como estas en la oscuridad. Tal vez ese momento sea ahora; tu corazón está cantando estas palabras, gritando un estribillo que lamenta el sinsentido de la vida. Quizás no seas tú, sino un ser querido que lucha por encontrar un sentido, que siente que está mirando al vacío. No importa quién en tu vida esté haciendo esta pregunta, es crucial que prestes atención a estas preocupaciones y escuches con paciencia y compasión, incluso si eso significa escucharte a ti mismo.

A menudo, esta pregunta en particular proviene de un lugar de profundo dolor. La tragedia, el fracaso y la pérdida nos impulsan a una oscura reflexión. Todos los puntos de inflexión de la vida, incluso los felices (el matrimonio, la graduación, el nacimiento de un hijo) pueden hacer que esta pregunta salga a la superficie. ¿Cuál es el punto, el punto de todo ese trabajo duro? A altas horas de la noche, cuando no puedes dormir y no tienes nada que te distraiga, una inquietante sensación de vacío puede descender sobre ti. Después de un gran éxito, el subidón emocional finalmente se evapora. Los valles siguen a las cimas de las montañas, y estos tiempos pueden provocar ansiedad, depresión e incluso autolesiones.

En lugar de apresurarte a ponerte una curita con un versículo de la Biblia o tratar de encontrar consuelo en algún cliché de tarjeta de felicitación, tómate el tiempo para escuchar el *porqué* detrás de tus pensamientos o los miedos de tu amigo. Sé compasivo contigo mismo y con los demás. Eso significa tomarse el tiempo para escuchar y *oír* de verdad, estar callado y concentrarse en los murmullos del corazón. No es momento de discutir o responder; es un momento para prestar atención y esforzarte por comprender.

Atrapado en tu Propia Vida

La vida es implacable. No importa cuántos elementos taches de tu lista de tareas pendientes, en realidad nunca terminas. Siempre hay más que hacer y a menudo, terminas haciendo las mismas cosas una y otra vez. ¿Sabes lo que quiero decir? A veces me siento atrapado en un ciclo continuo. Mi despertador me levanta a las 5:30 a.m. me ducho, me visto, como un desayuno rápido y salgo corriendo para llegar a la oficina. Me conecto a la computadora, respondo correos electrónicos, mensajes de texto, tomo un descanso para almorzar y luego vuelvo al trabajo. Agrego algunas reuniones por si acaso. A las 6:00 p.m. cierro todo, regreso al auto, conduzco a casa, ceno y limpio. Como mis hijos son mayores, ya no tengo que llevarlos a la cama, así que tengo tiempo para ver un poco de televisión con mi esposa antes de dormirme. Todo eso solo para levantarme a las 5:30 a.m. y hacerlo de nuevo.

¿Te identificas? Puedes sentirte atrapado en tu propia vida, como Phil Connors en la película *Atrapado en el Tiempo (Groundhog Day)*. Bill Murray interpreta a Phil Connors, un arrogante meteorólogo de televisión que se encuentra atrapado en un bucle temporal que repite el mismo día una y otra vez. No importa lo que intente hacer de manera diferente para romper el ciclo, se despierta cada mañana exactamente el mismo día. A veces, cuando estamos atrapados en la rutina de la vida, imaginamos que si tuviéramos suficiente dinero u oportunidades, podríamos escapar y encontrar una vida significativa.

Un Experimento Sorprendente

Salomón tuvo esa opción. Cuando vivía, era el hombre más rico y poderoso del mundo. Eclesiastés 2 resume algunas de sus actividades. Mira la variedad de cosas que trata con dinero y poder prácticamente ilimitados:

> Me dije entonces: «Vamos, pues, haré la prueba con los placeres y me daré la gran vida». ¡Pero aun esto resultó un absurdo! A la risa la considero una locura; en cuanto a los placeres, ¿para qué sirven?
>
> Quise luego hacer la prueba de entregarme al vino —si bien mi mente estaba bajo el control de la sabiduría—, y de aferrarme a la necedad, hasta ver qué de bueno le encuentra el hombre a lo que hace bajo el cielo durante los contados días de su vida. Realicé grandes obras: me construí casas, me planté viñedos, cultivé mis propios huertos y jardines, y en ellos planté toda clase de árboles frutales. También me construí aljibes para irrigar los muchos árboles que allí crecían. Me hice de esclavos y esclavas; y tuve criados, y mucho más ganado vacuno y lanar que todos los que me precedieron en Jerusalén.

> Amontoné oro y plata, y tesoros que fueron de reyes y provincias. Me hice de cantores y cantoras, y disfruté de los deleites de los hombres: ¡formé mi propio harén! Me engrandecí en gran manera, más que todos los que me precedieron en Jerusalén; además, la sabiduría permanecía conmigo. No les negué a mis ojos ningún deseo, ni privé a mi corazón de placer alguno. Mi corazón disfrutó de todos mis afanes. ¡Solo eso saqué de tanto afanarme! Consideré luego todas mis obras y el trabajo que me había costado realizarlas, y vi que todo era absurdo, un correr tras el viento, y que ningún provecho se saca en esta vida.[9]

Salomón realmente aprovecha. Disfruta en todos los sentidos imaginables. Intenta el éxito y el logro, completando grandes proyectos y construyendo una riqueza colosal. Él se "aferra a la necedad", bebe; contrata a sus propios cantantes; no se niega ningún placer. Incluso se consigue un harén. (Te dije que Eclesiastés no es exactamente lo que esperarías leer en la Biblia). Pero lo creas o no, la insatisfacción obstinada de Salomón permanece firmemente en su lugar. Nada de eso hace una diferencia de ninguna manera duradera. Lo intenta todo, desde trabajar duro hasta jugar más duro. ¿Y qué encuentra? "Todo era absurdo, un correr tras el viento, y que ningún provecho se saca en esta vida".[10] Qué duro, ¿no?

La Vida es Corta; La Muerte es Segura

Los escritos de Salomón se vuelven aún más oscuros cuando comienza a reflexionar sobre la brevedad de la vida y la inevitabilidad de la muerte. "Los hombres terminan igual que los animales", escribe. "El destino de ambos es el mismo, pues unos y otros mueren por igual, y el aliento de vida es el mismo para todos, así que el hombre no es superior a los animales. Realmente, todo es absurdo, y todo va hacia el mismo lugar. Todo surgió del polvo, y al polvo todo volverá".[11] Muchos filósofos hacen eco de este sentimiento, proponiendo que todas las formas de vida son iguales, lo que significa que la vida humana no tiene más valor que un león, un lagarto o una bacteria. Todos volvemos al polvo después de la muerte.

¿Y podemos siquiera decir que la vida es mejor que la muerte? Salomón no lo cree así, especialmente porque este mundo está lleno de sufrimiento: "Aunque en mejor situación están los que aún no han nacido, los que no han visto aún la maldad que se comete en esta vida".[12] Nada de hablar con pelos en la lengua aquí, ¿cierto? Pero él no se detiene allí. Salomón señala que después de que morimos, nadie se acuerda de nosotros de todos modos. Después de un tiempo, nadie recuerda nuestros nombres. Pocos de nosotros sabemos mucho sobre los abuelos de nuestros abuelos, y esas son solo cuatro generaciones atrás.

La mayor parte del tiempo, nos escondemos de

estas realidades. No queremos enfrentar la oscuridad. Muchos de nosotros conocemos el vacío, el hueco debajo del barniz de casas bonitas o sonrisas brillantes o autos nuevos. No podemos escapar de la inutilidad de todo esto, pero nos agotamos tratando de mantener viva la ilusión.

Sin Sentido, Sin Sentido

Salomón no esquiva el tema de la dificultad de la vida en este mundo maldito y distorsionado. De hecho, el libro se abre con una clara denuncia sobre esto mismo: "Nada tiene sentido—dice el Maestro—¿Qué obtiene la gente con trabajar tanto bajo el sol?"[13]

Hebel, la palabra hebrea traducida aquí como "sin sentido", aparece treinta y ocho veces en Eclesiastés. ¡Puede que sientas que has visto la palabra "sin sentido" muchas veces solo en este capítulo! *Hebel,* literalmente, significa "vapor", como neblina o nube. Se refiere a algo que parece sólido, pero se disipa cuando tratas de agarrarlo. También se puede traducir como "vanidad", como lo fue en la versión de *La Biblia del rey Jacobo.* (Tal vez hayas escuchado la frase "vanidad, vanidad", de aquí es de donde se origina ese dicho). *Hebel* eventualmente llegó a significar fútil, sin valor, e incluso absurdo en el sentido de lo incomprensible. No hay duda de lo que Salomón está diciendo: Este mundo, esta vida, no tiene sentido. No tiene punto, es ilógica, y es completamente incomprensible.

Pero (¿no hay siempre un "pero"?) Salomón no se detiene ahí. Hay un detalle pequeño pero muy significativo que no podemos pasar por alto. Otra frase repetida a menudo en su libro, nos da nuestra mayor pista hasta el momento. La expresión "bajo el sol" se dice casi treinta veces en el libro, siendo la primera aparición en el versículo que acabamos de discutir: "¿Qué obtiene la gente con trabajar tanto *bajo el sol*?"[14] La frase se refiere a la vida aquí en la tierra, donde, como hemos discutido, nada satisface del todo.[15] ¿Por qué es esta una calificación importante? Bueno, si nos fijamos sólo en la vida, literalmente, bajo el sol, aquí en esta tierra, no hay mayor propósito. Pero, ¿qué tal si hubiera algo más, algo *por encima* del sol?

Mirando Más Allá

A través del libro de Eclesiastés, Salomón nos ayuda a ver nuestras limitaciones, nuestra incapacidad para descubrir el propósito de la vida y nuestra propia mortalidad. Pero con ese calificativo repetido de "bajo el sol", Salomón insinúa que tal vez haya un sentido duradero de propósito que se puede encontrar en otra parte. Aquí abajo, la vida es absurda, pero ¿qué tal si hay algo más de lo que hay bajo el sol?

Como especie, estamos universalmente perturbados por la condición de nuestro mundo. Estamos horrorizados por los actos de violencia y guerra, angustiados cuando un desastre natural nos afecta, y ansiosos por nuestro impacto en este planeta. Estamos unidos en nuestro sentimiento de que la vida no debería ser así. Algo está roto. Algo está desesperadamente mal. En medio del caos, buscamos el orden. Y, hasta cierto punto, podemos encontrar indicios de algo mejor en el mundo: orden y diseño, patrones intrincados y ritmos confiables, una belleza lógica y una lógica bella. Podemos ver la bondad de la humanidad a través de actos de caridad, compasión y bondad.

¿Pero cómo puede ser esto? ¿No acabamos de establecer que nada aquí nos brinda un sentido duradero de propósito o pertenencia? Salomón señala todo lo que podemos pensar como una fuente de éxito (sabiduría, placer, trabajo, riquezas, progreso) y los descarta como sin sentido. Debe haber algo más en esta vida que el polvo que lamenta Salomón. Si continuamos en Eclesiastés, comenzamos a vislumbrar una capa más profunda de la filosofía de Salomón.

Anhelando la Eternidad

En el capítulo 3, Salomón escribe: "Sin embargo, Dios lo hizo todo hermoso para el momento apropiado. Él sembró la eternidad en el corazón humano, pero aun así el ser humano no puede comprender todo el alcance de lo que Dios ha hecho desde el principio hasta el fin".[16] Esa es una frase hermosa, ¿no es así? "Sembró la eternidad en el corazón humano". Salomón quiere decir que todos tenemos un anhelo innato de permanencia. Todos anhelamos algo más que esta vida, algo más que nosotros mismos, algo más grande que lo que vemos en el día a día mundano. Recuerda, este libro fue escrito miles de años atrás. Pero Salomón da con algo que es tan cierto hoy como lo fue antes de que él naciera. Todos queremos sobrevivir a la muerte: Construimos monumentos. Escribimos memorias. Les contamos a nuestros hijos historias de cuando éramos jóvenes. Anhelamos ser recordados, y escapar de la oscuridad del olvido.

La humanidad siempre ha imaginado la vida después de la vida; una existencia más allá de la que se está viviendo. La narrativa del más allá es parte de nuestra cultura colectiva. Escribimos y consumimos cientos de novelas y películas llenas de tramas que se centran en descubrir otro mundo o vivir en una realidad alternativa: historias que imaginan una vida más allá o diferente a esta. Queremos rechazar la idea de que esta vida es todo lo que hay. Este mundo no es correcto ni justo—en palabras de Salomón, "hay hombres justos a quienes les va como si fueran malvados, y hay malvados a quienes les va como si fueran justos".[17]

Pensamos que aunque no entendamos todo lo que sucede en la vida, seguramente debe haber un propósito. Debe haber una razón. Salomón trata desesperadamente de encontrar una manera de darle sentido a todo:

> Mientras buscaba la sabiduría y observaba las cargas que lleva la gente aquí en la tierra, descubrí que la actividad no cesa ni de día ni de noche. Me di cuenta de que nadie puede descubrir todo lo que Dios está haciendo bajo el sol. Ni siquiera los más sabios lo descubren todo, no importa lo que digan. También me dediqué a investigar lo siguiente: si bien Dios tiene en sus manos las acciones de los sabios y de los justos, nadie sabe si Dios les mostrará su favor. A la larga, a todos les espera el mismo destino, sean justos o malvados, buenos o malos, religiosos o no religiosos, estén o no ceremonialmente puros. ¡Parece tan mal que todo el mundo bajo el sol tenga el mismo destino![18]

¿Podría haber un mensaje más sombrío? Afortunadamente, Salomón no se rinde allí. Decide mirar más allá de lo que podía ver "bajo el sol". Decide que vale la pena buscar un propósito superior para la vida.

La Conclusión Final

En el último capítulo de Eclesiastés (¡alerta que se revela un detalle importante!) Salomón nos da muy claramente lo que él llama "la conclusión final".[19] Él escribe: "Aquí culmina el relato. Mi conclusión final es la siguiente: Teme a Dios y obedece sus mandatos, porque ese es el deber que tenemos todos. Dios nos juzgará por cada cosa que hagamos, incluso lo que hayamos hecho en secreto, sea bueno o sea malo".[20]

En Dios, Salomón nos dice, podemos encontrar el propósito de la vida.

Nos espera otro giro inesperado, porque Salomón está diciendo algo profundamente paradójico. En la perspectiva de Salomón, es la promesa del juicio divino lo que nos da esperanza. Este mensaje significa que los impíos ya no tendrán lo que merecen los justos, ni los justos lo que merecen los impíos. Podemos obtener un gran significado y propósito de la noticia de que seremos responsables de nuestras vidas. En resumen, nuestras vidas -lo que hacemos, pensamos y decimos: importa-. La promesa del juicio futuro dice que a Dios le importa lo que sucede aquí, bajo el sol. Y no estamos condenados, desde este punto de vista, a una existencia sin sentido.

Podemos tener la esperanza de que el mal no prevalecerá al final. Habrá justicia y reconciliación. La sospecha humana de que la vida en este mundo no es como debería ser, está fundada en la verdad. En un mundo donde las personas pisotean a otras en su ascenso a la cima y los poderosos hacen lo que quieren, aparentemente sin consecuencias, el juicio divino nos da confianza y seguridad. Según el entendimiento de

Salomón, Dios intervendrá y arreglará todo lo que está mal. El juicio implica justicia, inteligencia y un sentido de valor; después de todo, ¿de qué sirve arreglar algo si no importa? Importamos, y nuestros gritos de justicia serán respondidos.

Eso está bien, pero todavía hay una pregunta evidente: ¿Por qué Salomón les dice a sus lectores que "teman a Dios"? Por lo general, consideramos que el miedo es algo malo, así que hagamos una pausa por un momento para ver qué significa el concepto en un contexto bíblico. Dentro de la Biblia, el "temor de Dios" combina las ideas de respeto y asombro, de profunda reverencia y adoración humilde. Temer a Dios significa reconocer su realidad y omnipotencia como Dios.

Proverbios, otro libro que muchos eruditos creen que fue escrito principalmente por Salomón, dice que el temor del Señor es la base de la sabiduría.[21] ¿Qué significa esto? Significa que para Salomón el primer paso hacia la sabiduría es reconocer que no somos Dios y que Dios sí lo *es*. Significa admitir que no podemos descifrar la vida y vivirla bien por nuestra cuenta, a pesar de nuestros esfuerzos por hacer precisamente eso.

Consejos de Propósito

Al resumir el mensaje del libro de Salomón, un comentarista de la Biblia escribe: "Eclesiastés insta a sus lectores a reconocer que son mortales. Deben abandonar

¿Tiene la Vida un Propósito?

todas las ilusiones de su propia importancia, enfrentar la muerte y la vida directamente, y aceptar con temor y temblor su dependencia de Dios".[22] Salomón, sin pedir disculpas, nos libera de los engaños color de rosa sobre encontrar un propósito en la búsqueda del placer, el éxito o la riqueza y, en cambio, nos señala al único que hace que la vida sea coherente y satisfactoria de forma permanente. En Dios, nos dice Salomón, podemos encontrar el propósito de la vida. Después de recorrer casi todas las avenidas terrenales para encontrar el significado de su vida, Salomón mira hacia arriba para encontrar un propósito más allá de sí mismo. Si Dios es nuestro creador supremo, entonces tiene sentido preguntarle al creador el propósito de su creación. Es sensato preguntar al inventor el motivo de su invento.

Salomón encuentra una convicción de que Dios hizo este mundo y nos dio instrucciones sobre cómo vivir bien en él, lo que Salomón llama "mandamientos [de Dios]". No solo esto, sino que Dios puso la eternidad en nuestros corazones. Si la tumba no es el final, entonces la forma en que vivimos importa no solo ahora, sino también eternamente. El propósito final de la vida trasciende nuestro breve tiempo en la Tierra. Si bien Salomón nunca da una declaración clara sobre cuál es el propósito de la vida, nos señala el camino del descubrimiento. Él nos advierte sobre donde no encontraremos propósito y nos guía hacia donde lo haremos. Él comparte que encontró su propósito en una profunda reverencia por el Dios que conocía, y encontró su esperanza en la expectativa de que un día Dios arreglaría el mundo a través de la justicia divina.

Saber y No Saber

Con sentimientos de insignificancia y con humilde confianza salí a la superficie de mi lucha en esos días oscuros de trabajo doctoral. Después de examinar muchos otros puntos de vista, llegué a un lugar de aceptación con respecto a las limitaciones del conocimiento humano. Si hay un poder superior, no lo soy yo, y no puedo comprender todo lo que se ha hecho y se está haciendo en el mundo. Hay mucho que no podemos saber. No sabemos exactamente cómo nuestros cuerpos extraen todos los nutrientes de los alimentos que comemos, pero sabemos lo suficiente como para comer alimentos saludables para ayudar a nuestro cuerpo a funcionar. No sabemos todo sobre la vida o por qué suceden algunas cosas, pero podemos saber lo suficiente como para buscar el propósito de la vida más allá de nosotros. Por supuesto, todo esto supone que hay un Dios allá afuera. Pero, ¿y si no lo hay? Si no hay un Dios, entonces ciertamente no puede haber un propósito para la vida. Entonces, ¿cuál es la respuesta? ¿Hay un Dios, o no lo hay?

Notas finales para el Capituló 1

1. Roland Orzabal, "Mad World," The Hurting, Phonogram, publicado el 20 de septiembre, 1983.
2. Project Gutenberg, *The Brothers Karamazov* por Fyodor Dostoyevsky's, 12 de febrero, 2009, Ebook 28054.
3. *La Santa Biblia*, Eclesiastés 1:2.
4. Tupac Shakur y Deon Evans, "Changes," *Greatest Hits*, grabado originalmente por Interscope Records in 1992, publicado el 12 de octubre, 1998.
5. *La Santa Biblia*, Eclesiastés 4:2
6. Freddie Mercury, "Bohemian Rhapsody," *A Night at the Opera*, EMI, publicado el 31 de octubre, 1975.
7. Kerry Livgren, "Dust in the Wind," *Point of Know Return*, Kirshner, publicado el 16 de enero, 1978.
8. Ibíd., Eclesiastés 1:6.
9. Ibíd., Eclesiastés 2:1–11
10. Ibíd., Eclesiastés 2:11.
11. Ibíd., Eclesiastés 3:19–20.
12. Ibíd., Eclesiastés 4:3.
13. Ibíd., Eclesiastés 1:2–3.
14. Ibíd., Eclesiastés 1:3, énfasis añadido.
15. Derek Kinder, *The Message of Ecclesiastes* (Leister, England: InterVarsity Press, 1976), 23.
16. Ibíd., Eclesiastés 3:11.
17. Ibíd., Eclesiastés 8:14.
18. Ibíd., Eclesiastés 8:16–17, 9:1–3.
19. Ibíd., Eclesiastés 12:13.
20. Ibíd., Eclesiastés 12:13–14.
21. Ibíd., Proverbios 9:10.
22. Duane A. Garrett, *The New American Commentary— Proverbs, Ecclesiastes, Song of Songs* (Nashville: Broadman Press, 1993), 278.

Capítulo 2

¿Existe un Dios?

"Lo que nos viene a la mente cuando pensamos en Dios es lo más importante de nosotros". -A. W Tozer[1]

"Lo que Dios piensa de nosotros no solo es más importante, sino infinitamente más importante. De hecho, lo que pensamos de Él no tiene importancia excepto en la medida en que se relaciona con lo que Él piensa de nosotros". -C. S. Lewis[2]

Cuando nuestra iglesia hizo la serie de Las 7 Grandes Preguntas, mi esposa tuvo la amabilidad de abrir nuestra casa a algunos de mis amigos para un Grupo de Discusión de Explora Dios, una salida de nuestros juegos de racquetball habituales. Mis amigos y yo nos conocíamos principalmente en pantalones deportivos cortos y lentes de seguridad, sudando, mientras perseguíamos una pequeña pelota azul alrededor de la cancha en (principalmente) una competencia amistosa. Entre juegos, la mayoría de nuestras conversaciones se sumergieron en temas tan profundos como los Dallas Cowboys y el calor de Texas. Entonces, esas noches en nuestra casa, escuchando a mis amigos y seres queridos compartir sus pensamientos honestos acerca de Dios, fueron convincentes. Las ideas de la gente acerca de Dios variaban enormemente. A medida que compartíamos nuestros pensamientos sobre varios asuntos espirituales, a lo largo de las semanas, nos encontramos aclarando nuestras opiniones e incluso cambiándolas a través del proceso de conversación.

Las perspectivas iban desde la creencia de que Dios es algo así como la energía que nos conecta entre nosotros, hasta la afirmación de que, aunque es una buena idea, Dios no existe. Otros sugirieron que tal vez Dios lo es todo, que nuestras vidas son como olas que se elevan por un tiempo y luego vuelven a asentarse en el océano que es Dios. Una persona compartió con amabilidad, pero con firmeza, que es ateo, citando la famosa declaración de Karl Marx de que la religión es el opio de las masas. —La noción de un Dios, dijo, es una idea reconfortante que hace que las personas se sientan mejor, especialmente en su lecho de muerte, pero simplemente no lo es.

A medida que nos conocíamos mejor, se evidenció que muchas de nuestras ideas acerca de Dios no provienen del análisis intelectual, sino de

¿Existe un Dios?

experiencias de vida, especialmente con personas significativas en nuestras vidas. Una amiga lesbiana compartió historias desgarradoras de haber sido atacada verbal y emocionalmente por cristianos. Nos contó el dolor que sintió por la ausencia de cristianos durante la crisis del VIH. Ella atendió personalmente a más de una docena de hombres en una instalación en ruinas, donde fue testigo de la agonía que experimentaron cuando sus familiares cristianos los rechazaron debido a su orientación sexual. Todo lo que querían era saber de mamá o papá. Pero los vio morir sin ese consuelo y asistió a sus funerales. Eso cicatriza el alma.

Otros amigos compartieron historias de haber crecido en ambientes religiosos dañinos donde la "fe" se usaba como excusa para todo tipo de comportamiento: opresión, negligencia, manipulación. Las experiencias religiosas extremas pueden actuar como vacunas contra cualquier futura interacción saludable con la religión o la espiritualidad. Después de tales experiencias, es comprensible que muchos no quieran tener nada que ver con religión y cuestionen seriamente si en absoluto hay un Dios.

Los eventos difíciles de la vida pueden suscitar dudas en todas las áreas de la vida, dejándonos en profundas crisis de fe. Recibiste esa terrible noticia y clamaste a Dios que salvara a tu bebé, pero tu hijo no sobrevivió; dejaste de orar porque después de todo no debe haber un Dios para escuchar tus oraciones. Perdiste a uno de tus padres inesperadamente; ahora no puedes deshacerte de ese sentimiento generalizado de que estás completamente solo en esta vida. O podrías relacionarte con mi amigo y su hermano, quienes fueron abusados por una figura de autoridad religiosa que, se suponía, era un representante de Dios en la tierra. La traición y la angustia pueden hacer que sea casi imposible ver cualquier potencial para la existencia de un Dios justo.

Latentes dudas sobre la existencia de Dios se han avivado en llamas, por libros recientemente escritos por nuevos ateos como *The God Delusion (La Desilusión de Dios)* de Richard Dawkins y *God Is Not Good (Dios no es bueno)* de Christopher Hitchens. Su popularidad expuso a muchos a los argumentos tradicionales en contra de la existencia de Dios, lo que confirmó las sospechas de algunas personas de que Dios no existe. La mayoría de las personas, incluidos los cristianos, han tenido momentos en los que no estaban seguros de si había un Dios. Sé que yo los he tenido. Como mencioné en el último capítulo, hubo un tiempo en que

> Dios es más que la conclusión de un argumento lógico; sin embargo, creer en la existencia de Dios no es irracional o carece de evidencia.

pensé que éramos criaturas que vivían y morían como

cualquier otro animal, sin un significado esencial en nuestras vidas. En este momento, la mayoría de nosotros conocemos a alguien que se pregunta: "¿*Existe* un Dios?"

Una Exploración basada en la evidencia

¿Sobre qué bases consideraremos el reclamo de Dios? ¿Simplemente damos un salto ciego de fe? Eso sería intelectualmente irresponsable. Pero algunas personas, tanto teístas como ateos, no quieren que las confundan con nueva información. Se sienten cómodos con lo que piensan acerca de Dios en este momento, y no quieren que sus creencias se sacudan con evidencia que podría indicar la necesidad de repensar su postura. Seamos honestos; da miedo considerar que podríamos estar equivocados en algo, especialmente cuando se trata de un tema de tanta gravedad. Se necesita coraje para reconsiderar lo que piensas y abrir tu mente a posibilidades distintas a las que crees actualmente.

Durante el verano pasado mi esposa y yo enfrentamos una decisión de comprar un coche nuevo o intentar que el actual durara. "Viejo Fiel", nuestro Ford Taurus Wagon gris, se estaba dando por vencido. Esperábamos que durara otro año, pero con más de 200,000 millas, no estábamos seguros de que lo lograría. Queríamos esperar hasta tener lo suficiente ahorrado para pagar la mayor parte de un auto nuevo, pero no estábamos ni cerca. ¿Cómo podríamos saber la elección correcta? Si mantuviéramos el auto y siguiera funcionando, ahorraríamos dinero. Si lo mantenemos y se descompone, estaríamos en problemas.

No podíamos saber con certeza qué sucedería, pero podíamos tomar una decisión informada. Encontramos a un jubilado, reparador de autos, que evalúa vehículos viejos. Dio una vuelta a "Viejo Fiel" y lo examinó de parachoques a parachoques, tomando docenas de fotografías para ver de cerca cada parte. Recorrió los sitios de automóviles para obtener opiniones de expertos sobre nuestro modelo. En un informe de varias páginas, detalló cada sistema y resumió su experto asesoramiento. ¿Cuál fue el resultado? Deberíamos cambiar el coche. Sus probabilidades de fallar pronto eran altas y, cuando lo hiciera, el valor limitado actual se reduciría a nada. Luego fuimos a nuestro concesionario local de Ford que había dado servicio a "Viejo Fiel" durante más de diez años. Dieron el mismo consejo. Era probablemente (aunque no seguro) momento de comprar un auto diferente. Así lo hicimos.

Determinar si comprar o no un auto nuevo no es una cuestión del mismo peso que decidir si Dios es real. Pero ofrezco esta ilustración porque cuando se trata de la existencia de Dios, muchos de nosotros exigimos un mayor nivel de certeza que el que tenemos en todas las demás áreas de nuestras vidas. Aunque tendemos a

¿Existe un Dios?

anhelar la certeza, somos seres humanos finitos y no podemos saber absolutamente nada. En la vida cotidiana, ninguno de nosotros está completamente seguro de nada: de que tendremos un trabajo el próximo año, un lugar para vivir en cinco años, o incluso despertarnos mañana. No podemos estar seguros de que el sol saldrá por la mañana; podría explotar en algún raro evento cósmico. Pero estamos bastante seguros de que estará allí cuando nos despertemos, porque hasta ahora en nuestra experiencia, el sol ha estado en el cielo todas las mañanas.

Dios es más que la conclusión de un argumento lógico; sin embargo, creer en la existencia de Dios no es irracional o carece de evidencia. Suena paradójico, lo sé. Incluso podrías pensar que parece una tontería. Pero si puedes aguantar un poco, te explicaré a qué me refiero.

Una buena analogía proviene del concepto de juicio por jurado, en el que el juez instruye a los miembros del jurado a que determinen su veredicto más allá de toda duda razonable. En el tribunal, buscas pruebas que sean lo suficientemente convincentes como para votar culpable o inocente. Esto debe tenerse en cuenta al explorar la existencia de Dios. Una persona debería poder decir: "estoy convencido más allá de toda duda razonable de que Dios existe" o "estoy convencido más allá de toda duda razonable de que Dios no existe". Con respecto a la pregunta que nos ocupa, estamos buscando evidencia suficientemente convincente para decidir si hay un Dios. Esto no significa que todas nuestras dudas se borrarán para siempre, pero estamos examinando la evidencia en lugar de dar un salto a ciegas.

A medida que exploramos la posibilidad de la existencia de Dios juntos, vamos a echar un vistazo a cuatro líneas de evidencia, cada una como una vela en una habitación oscura. Cuando está oscuro, me cuesta ver si hay alguien más en la habitación conmigo. No puedo estar seguro de que no sea solo mi imaginación. Pero con cada vela que enciendo, la habitación se ilumina. Me vuelvo más seguro de que realmente hay otra persona allí, hasta que finalmente puedo reconocer quién es.

Un Apóstol en Atenas

En el siglo primero d. C, el apóstol Pablo dedicó su vida a viajar por todo el mundo antiguo para compartir el evangelio. "Evangelio" es una palabra que proviene del griego *euangelion*, que significa "buenas nuevas". Es posible que veas otra palabra familiar allí: evangelizar. Eso es exactamente lo que Pablo estaba haciendo. Estaba corriendo la voz sobre lo que él creía que era la verdad sobre la existencia de Dios, el papel de Dios en nuestras vidas, y el amor de Dios por la humanidad.

En la época de Pablo Atenas, Grecia, era la

capital intelectual del mundo; su rica tradición filosófica se remontaba hasta Sócrates, Platón y Aristóteles. La ciudad era un centro de educación y pensamiento: imagina Oxford, Cambridge y Harvard juntos. Los eruditos y filósofos de la época pronunciaban discursos y mantenían debates en el *ágora*, el lugar central de reunión de la gente. El ágora era el núcleo de la vida artística, política y espiritual de la ciudad. Entonces tiene sentido que Pablo se encontrara en medio del ágora de Atenas, listo para compartir sus noticias con todos los que quisieran escuchar.

El ágora estaba lleno de templos y monumentos a los dioses del panteón griego. Cuando llegó a Atenas, Pablo estaba "muy angustiado al ver que la ciudad estaba llena de ídolos" porque creía que había un solo Dios, no muchos dioses.[3] Incluso notó un altar con la inscripción "A UN DIOS DESCONOCIDO".[4] Los griegos habían erigido un monumento a cualquier dios que pudieran haber omitido

> El Big Bang y el concepto bíblico de la creación, no están peleados entre sí.

inadvertidamente para que no fueran castigados. Bastante inteligente… y proporcionó a Pablo el punto de partida perfecto para compartir su perspectiva sobre el tema en cuestión. "Pues bien, eso que ustedes adoran como algo desconocido es lo que yo les anuncio". Y así comenzó su discurso al pueblo de Atenas mientras les hablaba de Dios.⁵

La palabra griega *ágnōstos*, traducida aquí como "desconocido", es la raíz de la que derivamos la palabra "agnosticismo", la creencia de que la realidad de Dios es desconocida o incluso incognoscible. Quizás tu visión de Dios es un poco agnóstica a veces. Piensas para ti mismo: *Tal vez haya un Dios, pero no estoy seguro, y definitivamente no sé cuál es. ¿Cómo podría?* Si es así, no estás solo en estos pensamientos. Según National Geographic, hay un aumento global de personas que afirman no tener religión y se identifican como ateos, agnósticos o no religiosos.⁶ Muchas personas, de cualquier manera, siguen sin estar convencidas. A medida que continúa su discurso, Pablo aborda el tema de lo desconocido al insinuar cuatro líneas de evidencia de la existencia de Dios. Desarrollaremos el pensamiento de Pablo, encendiendo cuatro velas en el cuarto oscuro de la incertidumbre: lógica, ciencia, moralidad y experiencia.⁷

Vela #1: Lógica

La lógica, más específicamente la relación entre la lógica y la existencia, es la primera vela que usaremos para tratar de iluminar el camino hacia el descubrimiento. Vamos a comenzar echando un vistazo a lo que a menudo se llama el argumento cosmológico.

¿Existe un Dios?

La cosmología se ocupa del orden natural del universo, y aunque este enfoque puede volverse muy filosófico y complejo, el concepto fundamental por sí solo es convincente.[8] El principio básico del argumento cosmológico se centra en la causalidad y el concepto de "primera causa". ¿Te preguntas qué significa eso? Sumerjámonos.

El Argumento Cosmológico

Pellizca tu brazo; puedes sentir ese dolor. Ve a caminar; puedes escuchar tus pies en el suelo. Muerde una manzana; puedes saborear su dulzura. Sabemos cuándo algo existe; nuestros sentidos confirman los hechos. Pero piensa más allá de eso. ¿Por qué existe algo en primer lugar? ¿Por qué hay algo en lugar de nada? Si no hubiera nada, no requeriría explicación, ¡ni siquiera estaríamos aquí para tratar de explicarlo! Pero *algo existe*. Existimos. Nuestro mundo existe. El universo existe. Y sabemos que todo lo que existe tiene una causa, un punto de origen, un comienzo. Todo fue traído a la existencia de alguna manera. Algo no puede ser causado por nada. Como dijo el musical *La Novicia rebelde* (*The Sound of Music*), "Nada viene de la nada. Nada podría".[9]

Más allá de eso, todo en nuestro mundo depende de otra cosa para su existencia. Todo necesita algo más. Por ejemplo, donde vivo, el sol de verano drena la vida de nuestras plantas. Necesitan agua desesperadamente porque dependen de ella para vivir, al igual que casi todo en nuestro mundo. ¿Pero de dónde vino el agua? ¿Cómo cayeron las primeras gotas sobre la tierra? ¿Qué pasa con las semillas? ¿Quién o qué creó la primera semilla? Si todo depende de otra cosa, ¿cuál es el fundamento que sustenta el todo?

Es común escuchar a alguien preguntar lo que a menudo se cree que es una pregunta sin respuesta: si Dios creó el universo, ¿de dónde vino Dios? Por supuesto, podríamos hacer la misma pregunta del universo mismo. Casi todos los científicos ahora están de acuerdo en que, en algún momento, el universo no existió. En un momento específico, hace unos 13.700 millones de años la materia, el espacio, la energía y el tiempo llegaron a existir en lo que se conoce popularmente como el Big Bang. Dado que el universo no siempre ha existido, es decir, tuvo un comienzo, ¿de dónde vino el universo?

Es importante hacer una pausa y señalar aquí que el Big Bang y el concepto bíblico de la creación, no están peleados entre sí. Por el contrario, mientras que muchos libros religiosos antiguos afirman que la materia es eterna y que los dioses evolucionaron a partir de esa materia, la Biblia enseña que Dios (no la materia ni el universo) es eterno. Durante muchos años, los científicos se resistieron a la teoría del Big Bang y algunos todavía lo hacen, en gran parte debido a sus implicaciones para el diseño inteligente. Si el universo

¿Existe un Dios?

no ha existido siempre, tuvo que haber sido creado por algo. Es decir, si hubo un Big Bang, alguien debió apretar el gatillo metafórico. Debe haber una causa última, lo que a veces se conoce como "la causa sin causa".

La Causa Sin Causa

¿Te estoy perdiendo? Es una frase un poco confusa, lo sé. Todo lo que quiero decir es que si sigues preguntando el interminable "¿Pero, qué creó *eso*?", terminas en un círculo vicioso sin salida. Considera esta ilustración: Dibuja un círculo. El círculo representa todo en el universo. Lógicamente, la causa última de todo (es decir, la fuente de la creación de todo el universo) debe estar dentro o fuera de ese círculo, dentro o fuera del universo. Bueno, sabemos que todo lo que está dentro del círculo depende de algo más, por lo que elimina una causa interna. Entonces, debemos concluir que la explicación de todo lo que está *dentro* del círculo debe estar *fuera* del círculo: una causa totalmente independiente.

Antes de que Pablo entrara en escena, tanto Platón como Aristóteles llegaron a conclusiones similares. Platón dijo que debe haber un creador último que ordenó el caos primordial en el cosmos racional que observamos hoy. En su *Metafísica*, Aristóteles argumentó que debe haber un motor inmóvil, un poder que mueve las cosas pero que no fue movido por una acción anterior. Para los teístas esta fuerza de la creación, la causa sin causa, el hacedor último, y el motor inmóvil, es Dios. Los teístas creen que Dios es eterno y siempre ha existido; Dios es la respuesta final a la cuestión de la creación. Como dice Pablo, Dios es el creador del cielo y la tierra, lo que nos lleva a nuestra siguiente línea de evidencia: la ciencia.

Vela #2: Ciencia

¿De dónde sacas la sensación de que hay algo más grande que tú allá fuera? Disfruto preguntarle a la gente dónde se sienten cerca de Dios o de un poder superior. Es sorprendente la cantidad de personas que describen momentos en las montañas, rodeados por la grandeza de los majestuosos picos nevados, o hermosos días en la playa, mirando el océano infinito al atardecer. Otros sienten a Dios en la quietud de un jardín, escuchando el canto de los pájaros y contemplando la belleza de una rosa en flor. En cuanto a mí, tomaré las montañas. Mi lugar feliz está en lo alto, en el aire fino y seco de las Montañas Rocosas de Colorado, oliendo los pinos, mirando las hojas de los álamos, bailando en el viento, escuchando el rugido de un arroyo. La yuxtaposición de las diminutas y delicadas flores silvestres y los enormes acantilados rocosos me conmueven. Puedo sentir que algo grande está pasando ahí afuera, algo más de lo que puedo entender.

¿Existe un Dios?

Esta segunda vela puede parecer sorprendente ya que hoy en día la religión y la ciencia a menudo se enfrentan entre sí. Sin embargo la idea de que la ciencia y la religión se oponen no siempre ha sido la norma; históricamente las dos, a menudo, trabajaron de la mano..[10] Como dijo Einstein: "La ciencia sin religión es coja; la religión sin la ciencia es ciega".[11] Aquí nos apegaremos a explorar el argumento teleológico que también se conoce como el argumento del diseño.[12] El argumento teleológico analiza cómo el mundo que nos rodea revela la probabilidad de que nuestro universo haya sido creado a través de un diseño deliberado e inteligente.

El Argumento Teleológico

A lo largo de la historia humana, las personas han observado las complejidades del mundo y se han preguntado cómo llegó a ser todo. Incluso en muchas de las narraciones más antiguas de la creación se suponía que había un poder superior o un diseñador maestro, a menudo un Dios o dioses, detrás de la arquitectura de nuestro mundo. Pero a medida que la ciencia avanzó y aprendimos más sobre nuestro universo, algunos comenzaron a plantear la hipótesis de que la abiogénesis podría explicar el origen de la vida. La abiogénesis trabaja para demostrar cómo las sustancias no vivas ("abio-") crearon vida ("génesis"). Tal vez hayas oído hablar de la "sopa primordial" de Darwin. El concepto se basa en su sugerencia de que la vida pudo haber comenzado en un "pequeño estanque tibio, con todo tipo de sales de amoníaco y fósforo, luces, calor, electricidad, etc. presentes, de modo que se formó químicamente un compuesto proteico listo para experimentar cambios más complejos".[13]

Esta teoría fue popular durante muchos años, y todavía lo es entre algunos, pero más recientemente, científicos de múltiples disciplinas han comenzado a cuestionar esta hipótesis. Muchos señalan que la probabilidad aleatoria más el tiempo, no es igual a un diseño complejo. De hecho, la combinación suele crear lo contrario: un desastre. En 1981, Sir Fred Hoyle y Chandra Wickramasinghe escribieron *Evolución Desde el Espacio* (*Evolution from Space*), en el que calcularon las probabilidades de que el conjunto necesario de enzimas, incluso para la célula viva más simple, pudiera unirse solo por casualidad.[14] Su número final fue uno en $10^{40,000}$. Con un poco de perspectiva, se estima que la cantidad de átomos en todo el universo es 10^{80}. Hoyle comparó la hipótesis de la aparición aleatoria de una sola célula a la probabilidad de que "un tornado que azote una chatarrería, pueda ensamblar un Boeing 747 de los materiales que contiene".[15]

Algunas personas todavía se oponen a este punto al argumentar que el azar podría producir la compleja belleza de la vida si se le da suficiente tiempo.

¿Existe un Dios?

Hagamos un experimento mental para probar esa idea. Supón que lanzas confeti azul, amarillo, negro, verde y rojo desde un avión que vuela por el cielo. ¿Cuál es la posibilidad de que esos pedazos de papel caigan al suelo y formen una bandera olímpica perfecta y completa con cinco anillos entrelazados? Increíblemente bajo, prácticamente imposible. Pero sigamos la lógica de la teoría y demos más tiempo para que las leyes de la naturaleza actúen sobre el confeti. La lluvia cae, desintegrando pedazos de papel; el viento sopla, esparciendo confeti lejos de la vista; los animales caminan, pisoteando pedazos a su paso. Aunque todos los componentes necesarios están ahí, el tiempo no aumenta la probabilidad de que surja un diseño sofisticado a partir de trozos de papel.

En 1802, William Paley hizo famoso lo que se conoce como "la analogía del relojero". La premisa es simple: "Si encontráramos un reloj en el suelo, su complejidad nos convencería de que el reloj no se produjo de forma natural sino que fue diseñado. Dado que tanto nosotros como nuestro universo somos infinitamente más complejos que el reloj, la lógica exige un "relojero" eterno que podría habernos diseñado tanto a nosotros como a nuestro mundo".[16] Hay muchas cosas en nuestro mundo que, aunque sorprendentes, pueden explicarse fácilmente con el tiempo y las fuerzas externas. El Gran Cañón es un ejemplo extraordinario. Aunque impresionante por su belleza, el cañón es el resultado de la erosión durante siglos; no hay un diseño más grande allí. En contraste, las pirámides de Egipto claramente no se formaron a través de la erosión u otras fuerzas naturales. Las construyeron personas inteligentes. Podemos encontrar patrones avanzados en toda la naturaleza integrados en la configuración misma de los objetos cotidianos que conforman nuestro mundo, desde la simetría de las hojas de una planta, hasta las espirales del caparazón de un caracol y el mosaico del panal. Estos aspectos de la naturaleza son más intencionales que aleatorios, más como las pirámides y menos como el Gran Cañón.

La precisión de estos aspectos de la naturaleza no puede explicarse simplemente por el tiempo y las fuerzas externas. De hecho, gran parte de nuestro mundo es tan multifacético, tan extraordinariamente complejo, que se vuelve casi imposible concebir que todo esto haya ocurrido por casualidad. Al igual que el funcionamiento interno de un reloj, la hermosa complejidad de nuestro mundo nos obliga a considerar la posibilidad muy real de que nuestro mundo fue diseñado a propósito. Y, como escribió William Paley, "No puede haber un diseño sin un diseñador".[17]

El Lenguaje de la Vida

De hecho, los avances científicos de las últimas décadas han revelado cada vez más cuán extraordinario

¿Existe un Dios?

es nuestro mundo. Toma el ADN, por ejemplo. Ahora sabemos, en gran parte gracias a los grandes descubrimientos de 1869 y 1953, que las moléculas de ADN llevan instrucciones genéticas para el desarrollo, la función y la reproducción de todos los organismos vivos conocidos.[18] Las moléculas de ADN están formadas por nucleótidos, cada uno de los cuales contiene una base nitrogenada. Hay cuatro bases nitrogenadas potenciales, y estas bases se unen para formar pares de bases del orden que determina las "instrucciones" del ADN, su código genético. El ADN acumulativo dentro de nuestros cuerpos forma nuestro genoma. Puedes pensar en el ADN como el lenguaje de la vida, y en el genoma humano como el folleto de instrucciones completo que le dice a tu cuerpo cómo funcionar. Dentro del genoma humano, el código de ADN tiene *tres mil millones* de letras.[19]

La composición extremadamente compleja de nuestros cuerpos es alucinante, y las implicaciones de ese hecho no han pasado desapercibidas. En 2004, Antony Flew, un filósofo británico, profesor de Oxford y ateo desde los quince años, conmocionó al mundo cuando declaró su conversión al teísmo. A lo largo de su vida, Flew se esforzó por adherirse al principio socrático de que uno "debe seguir el argumento dondequiera que lo lleve".[20] Después de estudiar los avances en el código del ADN y lidiar con su significado, Flew concluyó: "Una superinteligencia es la única buena explicación para el origen de la vida y la complejidad de la naturaleza".[21] En su libro *Hay un Dios: cómo el ateo más notorio del mundo cambió de opinión* (*There Is a God: How the World's Most Notorious Atheist Changed His Mind*), Flew escribe:

> Lo que creo que ha hecho el material de ADN es que ha demostrado, por la complejidad casi increíble de los arreglos que se necesitan para producir (vida), que la inteligencia debe haber estado involucrada en lograr que estos elementos extraordinariamente diversos trabajaran juntos. Es la enorme complejidad

Los cristianos no tienen el monopolio de la moralidad.

> de la cantidad de elementos y la enorme sutileza de las formas en que trabajan juntos. El encuentro de estas dos partes en el momento justo por casualidad es simplemente un minuto. Todo es cuestión de la enorme complejidad con que se conseguían los resultados, que me parecían obra de inteligencia.[22]

El Principio Antrópico

Al igual que Flew, me asombra la complejidad de nuestros cuerpos. Lo que es igualmente sorprendente es cuán exquisitamente este mundo apoya nuestra existencia. Los científicos de múltiples disciplinas,

¿Existe un Dios?

desde la astronomía hasta la microbiología, están viendo indicios del principio antrópico. El principio antrópico es la idea de que el universo debe tener propiedades y condiciones precisas que permitan o hagan inevitable la existencia de seres conscientes, sapientes (es decir, capaces de razonar) como nosotros. Parece que el universo fue hecho específicamente para sustentar la vida humana. La cantidad de condiciones que resultan ser *exactamente correctas* —"exactamente" en el sentido de que la más mínima variación daría lugar a la imposibilidad de la vida humana— es verdaderamente asombrosa.

La gravedad, el electromagnetismo, la fuerza nuclear y la constante cosmológica, todos operan dentro de parámetros extremadamente estrechos. Si cambiaran en el más mínimo grado, el universo volaría en pedazos o colapsaría sobre sí mismo. El tamaño del protón, el color del sol, la proporción de gases en nuestra atmósfera... la lista de factores "perfectos" sigue y sigue. Como dijo el científico ambiental Bob Davis: "El grado total de precisión es difícil de comprender. Sería equivalente a una receta que nos exige para contar granos individuales de azúcar, medir moléculas de leche y calcular, en milésimas de grado, la temperatura del horno y la fracción de segundo correcta para que se apague".[23]

Tómate un momento para considerar la pura maravilla del nacimiento o lo magnífico de nuestros sentidos humanos. ¿Qué tal la capacidad de amar, sentir, imaginar, crear, apreciar la belleza? Algunos dicen que se necesita más fe para creer que todo esto sucedió por casualidad, que para creer que nuestro mundo, y quienes viven en él, están diseñados a la medida. No puedo evitar estar de acuerdo con el astrónomo Allan Sandage, quien dijo: "Me parece bastante improbable que tal orden surja del caos. Tiene que haber algún principio organizador. Dios para mi es un misterio, pero es la explicación del milagro de la existencia, el porqué hay algo en lugar de nada".[24]

Vela #3: Moralidad

Volvamos nuestra atención a la tercera vela que enciende nuestra exploración de la existencia de Dios: la moralidad. La mayoría de nosotros tenemos un sentido innato del bien y el mal, un sentimiento de que hay ciertas formas en las que debemos y no debemos actuar. La moraleja más completa se resume en lo que a menudo se llama la regla de oro: trata a los demás como quieres que te traten.[25] Puedes encontrar variaciones de la regla de oro en la mayoría de las principales religiones y filosofías, desde el antiguo Egipto (probablemente anterior a la Biblia) hasta la India, China y Persia. Dentro de la psicología social, el principio de reciprocidad se hace eco de este sentimiento; como norma social, devolvemos lo que recibimos de los demás. Si alguien

¿Existe un Dios?

hace algo por nosotros, nos sentimos obligados a devolverle el favor.

Antes de continuar, aclaremos algo desde el principio: los cristianos no tienen el monopolio de la moralidad. Muchos ateos llevan vidas increíblemente morales, luchando por la justicia social, la igualdad y la equidad. Lo mismo ocurre con los agnósticos, musulmanes, budistas, hindúes, judíos y muchos otros. La moralidad es universal; atraviesa todas las barreras que hemos levantado los humanos, ya sean religiosas, económicas o geográficas.

Esto no significa que todos compartimos el mismo código moral. La legislación varía enormemente en todo el mundo. Las leyes difieren en cuanto a la legalidad de la marihuana y el alcohol, los detalles de propiedad, los derechos de la mujer y un sinfín de otros temas. Pero todos reconocemos que el genocidio está mal. No es una cuestión de opinión. Sabemos que hay una diferencia moral entre la Madre Teresa y Adolf Hitler. Considera nuestras experiencias humanas de culpa y vergüenza; sabemos cuando hemos hecho mal. Nos disculpamos, pedimos perdón y hacemos las paces. La Comisión de la Verdad y la Reconciliación se creó para ayudar a reparar la devastación del apartheid y el genocidio en Sudáfrica, y se han llevado a cabo iniciativas similares en otros países.[26] Los programas de recuperación como Alcohólicos Anónimos incluyen la reparación como uno de los pasos para la recuperación.

La necesidad de reconciliar las relaciones rotas revela la existencia de la moralidad.

Un Hacedor de Moral

La moralidad es fascinante cuando te detienes a pensar en ella. Aunque hay divergencias, la mayoría de las culturas a lo largo de la historia han acordado ciertas construcciones: evitar la violencia contra el prójimo siempre que sea posible; no tomes lo que no es tuyo; di la verdad. El asesinato, el robo y la mentira están mal vistos en todo el mundo, y lo han sido durante eones. Por supuesto, eso no significa que todos actúen siempre dentro de estos límites morales, todos lo sabemos. De hecho, nuestro sentido de la moralidad quizás se demuestre más claramente en nuestras reacciones ante otros que "cruzan la línea". Cuando alguien te roba o te miente, reaccionas fuerte e instintivamente. Estás enojado; te sientes traicionado. Sabes que has sido agraviado.

Así que sabemos que la moralidad existe, pero ¿por qué? ¿De dónde provino este sentido generalizado de la moralidad? ¿Cuál es su fuente original? ¿Cómo decidimos nosotros, como colectivo, que algunas cosas eran correctas, justas y buenas, y algunas no? ¿Por qué nos importa lo que hagan los demás? Pero lo hicimos, y lo hacemos.

Como discutimos anteriormente en este

capítulo, algo no puede surgir de la nada. La moralidad no surgió de la nada y de alguna manera se convirtió en los corazones de miles de millones de personas a lo largo de milenios. El impulso de supervivencia no da cuenta de la moralidad altruista fuera del grupo familiar. La misma existencia y universalidad de la moral parece implicar un hacedor de moral. Debido a la realidad de la moralidad, la mayoría de los teístas (cruzando una variedad de religiones y visiones del mundo) creen que un ser divino puso un sentido del bien y del mal en los corazones de los humanos.

Vela #4: Experiencia

Nuestra cuarta vela trae la luz de millones de testimonios personales. Si bien este componente es muy diferente de una disciplina científica, no se puede ignorar. En diversas culturas en todas las civilizaciones desde el comienzo de la historia, las personas han sentido la dirección de un poder superior en sus vidas, han experimentado una fuerza sobrenatural que les da poder para una tarea difícil y han visto respuestas a sus oraciones. Vidas han cambiado.

Ciertamente es posible que una persona engañosa fabrique una afirmación de experiencia religiosa; sabemos que estas cosas pasan de vez en cuando. Pero no estamos hablando de una o dos personas; ni siquiera estamos hablando de cientos o miles de personas. En todo el mundo durante milenios, innumerables personas, incluidos algunos de los mejores y más destacados pensadores, han testificado haber tenido experiencias reales con un poder superior. Científicos, médicos, líderes empresariales, desarrolladores de tecnología, maestros, artistas, madres, padres, niños: personas de todos los ámbitos de la vida dan testimonio de sentir la presencia e incluso el amor de Dios. Afirman haber recibido el perdón de Dios. Dicen que sus vidas han cambiado a mejor por su encuentro con Dios. Dicen que saben que Dios es real porque lo han conocido.

Pero y qué, ¿cierto? Alguien diciendo algo no lo hace verdad. Sin embargo, la cantidad de personas que comparten estas experiencias es demasiado abrumadora para ignorarla o simplemente descartarla. El testimonio de millones de estratos sociológicos y culturales invita a tomarlo en consideración. ¿Podrían

> Más bien, las más fuertes de las creencias son aquellas forjadas y refinadas a través del proceso de recopilación, examen y análisis de la evidencia.

todas estas personas estar alucinando o mintiendo? ¿Podrían todos estar autoengañados? ¿Se puede descartar esto como una elaborada conspiración transhistórica mundial? Por supuesto. Todo es posible. Pero no se puede negar que es un tramo bastante grande. Si incluso una persona está diciendo la verdad sobre una experiencia con Dios, entonces se vuelve cada vez más difícil descartar la idea de Dios por completo. Tiene sentido considerar la posibilidad muy real de que Dios existe.

Hazlo Personal

Piensa en tu vida. Tal vez has tenido una experiencia que parecía casi sobrenatural. Algo alineado casi perfectamente como para ser solo una coincidencia. Algo funcionó justo como lo necesitabas en el último momento. Una situación aparentemente irredimible se convirtió en algo hermoso. Cuanto más vivo, más experiencias con Dios tengo. En algunos de los momentos más difíciles de mi vida, he sentido la presencia de Dios y sentí que me invadía una paz sobrenatural; no tengo otra forma de describirlo. En momentos en que me sentía perdido y no sabía a dónde acudir, he visto contestadas mis oraciones desesperadas.

Mi experiencia personal apunta a la existencia de Dios y fortalece mi fe. Mi voz es una más que se suma a un coro que se canta desde hace milenios. En el contexto de la diversidad humana, cualquier elemento común encontrado es convincente. La experiencia aislada de una persona cuenta solo hasta cierto punto, pero un hilo común entretejido a lo largo del tapiz de la historia humana tiene mucho más significado. Tomado en su conjunto, el testimonio personal es una vela fuerte y brillante con la que se puede iluminar nuestra habitación.

Una Habitación Bien Iluminada

Volvamos a la antigua Atenas. Cuando el apóstol Pablo terminó su discurso, dejó caer la bomba más grande hasta el momento: la resurrección de Jesús de entre los muertos. Esto, afirmó Pablo, era prueba de la existencia de Dios y de su plan para toda la humanidad.[27] Bueno, se pueden imaginar la reacción que provocó. Incluso si pudieran estar de acuerdo en que existía el único Dios verdadero, muchos en Atenas no estaban preparados para considerar a Jesús como Dios. Después de que Pablo terminó de hablar, los atenienses reaccionaron de tres maneras diferentes: algunos se burlaron; algunos dijeron que les gustaría escuchar a Pablo hablar de nuevo; algunos creyeron. Es decir, algunos descartaron lo que dijo Pablo; algunos pospusieron tomar una decisión de una forma u otra; y algunos aceptaron lo que Pablo dijo como verdad. Vemos este mismo rango de respuestas hoy.

Como acabamos de discutir, creer en la existencia de Dios no es un abandono de la honestidad intelectual. Una creencia fuerte puede basarse en la evidencia cuidadosamente considerada de la lógica, la ciencia, la moralidad y la experiencia. Pero los hechos pueden interpretarse de diferentes maneras, como lo

¿Existe un Dios?

demostró la audiencia de Pablo en Atenas. Nadie puede ser obligado a creer o no creer algo. Más bien, las más fuertes de las creencias son aquellas forjadas y refinadas a través del proceso de recopilación, examen y análisis de la evidencia. Recuerda, las realizaciones que hacemos por nuestros propios términos, son las que tienen el potencial de transformarnos verdaderamente.

Las líneas de evidencia que hemos explorado no validan el cristianismo ni ninguna otra religión. Simplemente apuntan a la existencia de Dios. Para millones de personas, incluyéndome, estas cuatro velas traen suficiente luz para ver que Dios existe. Pero hay un contraargumento importante del que no hemos hablado todavía. Es genial recordar mis maravillosas experiencias en las Montañas Rocosas, pero ¿qué pasa con aquellos que han muerto por desastres naturales en medio de esa misma belleza? ¿Por qué experimentamos la muerte, la enfermedad y la tristeza? Si Dios es real, ¿por qué no pone fin al genocidio, la violación y el terrorismo? ¿Cómo podría un Dios bueno permitir que todo eso sucediera? Si hay un Dios, ¿por qué hay dolor y sufrimiento en el mundo?

Notas finales para el Capituló 2
1. A. W. Tozer, *The Knowledge of the Holy* (New York: HarperCollins, 1978), 1.

2. C. S. Lewis, *The Weight of Glory* (New York: HarperCollins, 2001), 38. First published 1941.
3. *La Santa Biblia* © 2011, Hechos 17:16.
4. Ibíd., Hechos 17:23.
5. Ibid.
6. Gabe Bullard, "The World's Newest Major Religion: No Religion," *National Geographic*, 22 de abril, 2016.
7. Puedes leer el discurso de Pablo en La Santa Biblia, Hechos 17:22–34.
8. Para más información, ve "Cosmological Argument," Stanford Encyclopedia of Philosophy, modificada últimamente el 10 de noviembre, 2016, https://plato.stanford.edu/entries/cosmological-argument/.
9. Richard Rogers, "Something Good," *The Sound of Music*, RCA Victor, 1965.
10. Por ejemplo, Copérnico, Kepler, Pascal, Galileo, Faraday y Newton son algunos de los científicos más célebres de la historia. Todos eran teístas. Robert Boyle, el fundador de la química moderna, incluso sugirió que el estudio de la ciencia solo aumentaría el asombro ante el orden divino de la creación.
11. Albert Einstein, "Science and Religion," *Out of My Later Years* (New York: Philosophical Library, 1950).
12. Para obtener más información, consulta Alvin Plantinga, *Where the Conflict Really Lies: Science, Religion, and Naturalism* (Oxford University Press, 2018). Plantinga argumenta que son el naturalismo y la ciencia (no la religión y la ciencia) los que en última instancia son incompatibles.
13. Charles Darwin al botánico Joseph Hooker, 1871. Cita completa disponible en John C. Priscu, "Origin and Evolution of Life on a Frozen Earth", *National Science Foundation*, www.nsf.gov/news/special_reports/darwin/textonly/polar_essay1.jsp.

14. Fred Hoyle y Chandra Wickramasinghe, *Evolution from Space: A Theory of Cosmic Creationism* (London: Touchstone Publishing, 1984).
15. Fred Hoyle, "Hoyle on Evolution," *Nature* 294, no. 5837 (12 de noviembre, 1981): 105.
16. Louis Markos, PhD, "Chance, Evolution, or Intelligent Design?" Explora Dios, http://www.exploregod.com/chance-evolution-or-intelligent-design.
17. William Paley, *Natural Theology* (London: R. Faulder, 1802).
18. Friedrich Miescher aisló por primera vez lo que ahora se conoce como ácidos nucleicos en 1869. En 1953, James Watson y Francis Crick descubrieron la estructura de la molécula de ADN, lo que allanó el camino para comprender cómo el ADN comunica la información genética.
19. Francis S. Collins, *The Language of God* (New York: Free Press, 2006), 1.
20. Antony Flew y Roy Abraham Varghese, *There Is a God: How the World's Most Notorious Atheist Changed His Mind* (New York: Harper Collins, 2007), 23.
21. Antony Flew, entrevista por teléfono, *ABC News*, ABC, 9 de diciembre de 2004.
22. Flew y Varghese, 74.
23. Bob Davis, "When Mere Coincidence Fails to Explain," Explora Dios, http://www.exploregod.com/when-mere-coincidence-fails-to-explain.
24. J. N. Willford, "Sizing Up the Cosmos: An Astronomers Quest," *New York Times*, 12 de marzo, 1991, B9.
25. *La Santa biblia*, Mateo 7:12.
26. Para más información, ve Onur Bakiner, *Truth Commissions: Memory, Power, and Legitimacy* (Philadelphia: University of Pennsylvania Press, 2015).
27. La Santa Biblia, Hechos 17:31.

Capítulo 3

¿Por qué Permite Dios el Dolor y el Sufrimiento?

"Me lastimé hoy para ver si todavía siento. Me concentro en el dolor, lo único que es real". —*"Dolor",* Nueve Pulgadas Nails[1]

El niño pequeño de mi amigo estaba jugando afuera cerca de la camioneta de la familia, un día, cuando de alguna manera se soltó el freno y la camioneta rodó por el camino, aplastó al niño provocando su muerte. Tenía tres años. Es posible que estés sacudiendo la cabeza consternado ahora mismo mientras lees esto y te preguntes: *¿Por qué sucedió eso?* ¿Por qué murió ese niño? ¿Por qué esa familia tuvo que soportar tal angustia? Si hay un Dios, ¿por qué no detuvo esa camioneta?

Siempre ha habido desafíos que vienen con ser un pastor. Cuidar de aquellos que han perdido (o están perdiendo) a sus seres queridos, ocupa un lugar destacado en la lista. Pero durante el apogeo de la pandemia, fue particularmente intenso. Cuando uno de nuestros queridos miembros del personal se contagió de COVID-19, a su familia no se le permitió ingresar a su habitación del hospital. Cuando falleció, su esposa e hijos aún no podían estar con él. Así que me reuní con su familia no en una habitación privada sino en una acera de cemento fuera del edificio. Nos paramos, a seis pies de distancia el uno del otro, a la vista pública de todos los que iban y venían. Su esposa e hijos sollozaron en el frío mientras el sol desaparecía hasta que finalmente tuvieron que irse. He visto muchas pérdidas. Pero nunca he visto una desesperación así.

¿Por qué? ¿Por qué? ¿Por qué?

Es una respuesta natural, instintiva e inevitable. Yo me hice esas mismas preguntas. No entendemos por qué suceden estas cosas. Si eres como yo, a veces puedes dudar de que haya una razón. A veces parece que lo único que sabes con certeza es que estás sufriendo. No sabes por qué o cuándo terminará, solo sabes que estás sufriendo. En un día cualquiera, las noticias mundiales nos inundan con historias de tragedia, desesperación y desesperanza: los incendios forestales destruyen cientos de hogares, los terremotos desplazan a miles de personas, la guerra destruye naciones y familias, millones luchan por sobrevivir todos los días. Leemos, vemos o experimentamos a diario injusticia, opresión y explotación. Y cuando la tragedia golpea nuestras vidas o las vidas de aquellos a quienes amamos, es nada

¿Por qué Permite Dios el Dolor y el Sufrimiento?

menos que agonía. En los últimos dos años, el mundo ha padecido mucho. La gran cantidad de sufrimiento ha sido abrumadora, incluso paralizante. Si crees en un poder superior, estos sentimientos a menudo pueden dar lugar a preguntas más profundas: ¿Por qué me castigas, Dios? ¿Cómo pudiste dejar que esto me pasara a mí? ¿Por qué no evitaste esto? A partir de ahí, es natural seguir nuestra lógica humana a un lugar más oscuro: después de todo, tal vez Dios no sea una figura amorosa. Tal vez a Dios no le importa lo que nos pase a ninguno de nosotros. Tal vez Dios mismo es malvado. Pensamientos como estos llevan a la gente a simpatizar con la caracterización de Dios del ateo Richard Dawkins como:

> Posiblemente el personaje más desagradable de toda la ficción: celoso y orgulloso de ello; un fanático del control, mezquino, injusto e implacable; un limpiador étnico vengativo y sanguinario; un matón misógino, homofóbico, racista, infanticida, genocida, filicida, pestilencial, megalómano, sadomasoquista, caprichosamente malévolo.[2]

Brutal. Si Dios es así, si Dios ve todo el mal pasando aquí abajo y lo ignora (o peor, hace que suceda)—francamente, no quiero tener nada que ver con él. ¿Por qué querría? ¿Por qué lo haría cualquier persona? Y, sin embargo, miles de millones de personas no solo creen en Dios, sino que hablan con él, lo adoran y buscan su voluntad para sus vidas. ¿Cómo reconcilias tu creencia en un Dios bueno y todopoderoso, con la presencia muy real del mal en este mundo, y mucho más?

Reconociendo el Dolor y el Sufrimiento

Hace unos años, nuestro hijo de veintinueve años llamó para decir que sentía un hormigueo de la cintura para arriba. Al principio lo ignoró pero solo empeoró. El hormigueo se convirtió en entumecimiento y luego en una pérdida de sensibilidad completamente debilitante en la mayor parte de su cuerpo. Los médicos no encontraron nada y los síntomas empeoraron. Las posibilidades nos aterrorizaban. Nuestro hijo que andaba en bicicleta de montaña, hacía snowboard en pistas diamante negro, y competía en triatlones, apenas podía sostener un tenedor para alimentarse. Una mañana llamó y dijo, con voz entrecortada: "Papá, lo descubrieron. Tengo esclerosis múltiple, EM". Estaba aturdido. Mientras hablábamos, me contuve, pero cuando colgué el teléfono, sollocé. Sabía que nada volvería a ser igual. La EM es crónica y puede ser incapacitante. ¿Por qué mi hijo? No había hecho nada malo. Era un buen chico. Él es un buen hombre. *¿Por qué, Dios?*

Ninguna teoría racional puede curar un corazón

roto. Ninguna discusión filosófica puede consolar a un alma desgarrada y adolorida por una pérdida devastadora. Todos hemos sido quebrantados de una forma u otra; nos han dejado sin aliento por golpes duros, ya sean físicos o emocionales. Cada persona lleva sus propias heridas. Puede que no sean tan obvias como los síntomas de mi hijo, pero son igual de reales. Me duele el corazón por el sufrimiento en nuestro mundo. Me duele por aquellos que luchan contra la depresión y la ansiedad, lidiando continuamente contra la oscuridad. Me duele por los hombres, mujeres y niños que viven con el trauma del abuso verbal, físico y sexual. Sufro por los abandonados, descuidados y olvidados. Lo siento, de verdad lo siento profundamente. Ojalá pudiera arreglar todo. Ojalá nada de eso hubiera pasado.

Es despiadado minimizar el dolor de otra persona, ya sea descartándolo o conformándose con sentimientos y afectos de tarjetas de regalo. Puede que estés en un mal lugar en este momento, lidiando con cómo Dios pudo permitir tanta oscuridad en nuestro mundo. Puedes estar tan devastado que no ves otra opción que rechazar la idea de Dios por completo. Eso es comprensible. La presencia de dolor y sufrimiento en nuestras vidas es quizás el desafío más importante para la fe en un Dios omnipotente y benévolo.

Explicando el Dolor y el Sufrimiento

Los intentos humanos de explicar el mal, el dolor y el sufrimiento se remontan a milenios. Incluso, podemos leer historias de tres o cuatro mil años de antigüedad para ver sus explicaciones del porqué suceden cosas malas.[3] Cada filosofía, religión y visión del mundo luchan con cómo dar sentido al dolor y al sufrimiento, y cómo ofrecer algo de esperanza en medio de ello. Si bien ninguna teoría o explicación puede eliminar por completo el aguijón de la pena y el dolor, existen tres enfoques comunes para responder a la pregunta sobre el dolor y el sufrimiento. En aras de la simplificación, llamémoslos optimismo, pesimismo y dualismo.

La visión optimista podría ir de un par de maneras. La filosofía budista, por ejemplo, dice que en nuestro mundo el dolor y el sufrimiento es solo una ilusión. Los budistas creen que los deseos humanos causan todo el sufrimiento; como tal, el sufrimiento puede eliminarse suprimiendo los deseos humanos y logrando la iluminación. La iluminación rompe la ilusión de que en nuestro mundo el dolor y el sufrimiento son reales. Otra perspectiva optimista dice que lo que parece ser malo, en realidad es bueno. Si pudieras ver el panorama general, verías lo bueno en cada cosa aparentemente mala; todo sufrimiento conduce a un bien mayor. Esta visión optimista señalará que aprendemos más del fracaso que del éxito y que el dolor nos enseña lecciones que nunca podríamos aprender de otra manera. Hay algo de verdad en este punto de vista, pero parece minimizar, o incluso descartar, la realidad de nuestro dolor.

El pesimista dice que no deberíamos sorprendernos cuando nos sobreviene la desgracia porque el dolor y el sufrimiento son solo la realidad. Vives, sufres, mueres. Es duro, pero es la forma en que funciona el mundo. A veces, esta visión proviene de un lugar de naturalismo científico; una persona con esta perspectiva puede señalar como ejemplo la supervivencia del más apto. El dolor es parte del orden natural de las cosas y no tiene un propósito superior. Algunos filósofos nihilistas que creen que la existencia no tiene sentido ni utilidad, van un paso más allá. El sufrimiento no solo es el estado de las cosas, sino que ni siquiera podemos afirmar que el dolor sea malo, porque no tenemos una base moral sobre la cual hacer tal juicio. Es cierto que ninguno de nosotros puede comprender completamente las razones del sufrimiento, pero este punto de vista nos deja con una sensación de falta de propósito y desesperación.

Los dualistas dicen que el bien y el mal son dos fuerzas iguales que han estado en conflicto por toda la eternidad. El dolor y el sufrimiento son los resultados de esta batalla. Históricamente esta visión se encuentra en el maniqueísmo, un movimiento religioso que enseñaba sobre una lucha cósmica entre el mundo espiritual del bien y la luz, y el mundo material del mal y la oscuridad. La visión dualista nos brinda algunas grandes obras de la literatura y el cine; puedes pensar en ello como la filosofía de *Guerra de las Galaxias* (*Star Wars*). En estas historias a menudo vemos una fuerza para el mal y una fuerza para el bien luchando para gobernar el universo.

Reconciliando a Dios y el Mal

Pero, ¿dónde encaja Dios en todo esto? En la visión cristiana Dios reconoce la presencia del mal en el mundo; no es una ilusión sino una realidad inquietante. Y aunque las circunstancias dolorosas a veces pueden conducir a resultados hermosos, el mal nunca es bueno en sí mismo. Todos hemos pasado por momentos difíciles que resultaron ser para bien, pero eso no cambia el hecho de que el mal es el mal. Además, los cristianos creen que no existe una fuerza igual a Dios, por lo que no puede haber dos fuerzas iguales en guerra entre sí. Más bien, solo hay un ser omnipotente, y ese es Dios.

Este último punto a menudo ha obligado a la gente a hacer la siguiente pregunta obvia: si Dios es todo bueno (omnibenevolente) y todopoderoso (omnipotente), sin nadie que lo iguale, ¿por qué suceden cosas malas? A Epicuro, un filósofo griego nacido en 341 a. C., generalmente se le atribuye el primer resumen de este problema en la paradoja epicúrea:

> ¿Está Dios dispuesto a prevenir el mal, pero no puede? Entonces él no es omnipotente.
> ¿Él puede, pero no está dispuesto? Entonces es malévolo.
> ¿Es capaz y dispuesto? Entonces, ¿de dónde viene el mal?
> ¿No puede ni quiere? Entonces, ¿por qué llamarlo Dios?[4]

A lo largo de los siglos, desde que vivió Epicuro, los teólogos han adoptado varios enfoques para resolver esta supuesta disonancia, el "problema del mal", como a veces se le identifica. Estos intentos se llaman teodiceas. Las teodiceas funcionan no solo para mostrar que la existencia del mal no excluye la existencia de Dios, sino también para proporcionar un marco para comprender cómo un Dios bueno y todopoderoso puede permitir que el mal persista en el mundo. Saber cómo la Biblia ha informado estas teodiceas puede ayudarnos a comprender las teodiceas mismas.

En pocas palabras la Biblia es una historia de cómo llegó a existir el mundo, qué salió mal en el mundo, y qué está haciendo Dios para arreglar nuevamente el mundo. Dentro de la cosmovisión bíblica, el dolor no es ni permanente ni intrínsecamente necesario. Más bien es el resultado de las fallas humanas: del pecado, el quebrantamiento y el egoísmo.

Aunque este no siempre es el punto de vista más popular (entendiblemente, a nadie le gusta que lo culpen de nada), sí significa que la visión bíblica del sufrimiento es singularmente lineal. El dolor no siempre ha existido, y no siempre existirá; hubo un principio, y habrá un final. Estas experiencias son solo un capítulo en la historia de nuestro mundo. Echemos un vistazo a ese arco narrativo en el contexto de tres actos que llamaremos Creación, Caída y Salvación.

Creación: Dios Crea Cosas Buenas

Comencemos por el principio que suele ser el mejor lugar para empezar, ¿no crees? Tanto para cristianos como para judíos el comienzo se encuentra en el libro de Génesis; incluso la palabra "génesis" significa "origen" o "principio". En el primer versículo del primer capítulo de la Biblia, leemos: "Dios, en el principio, creó los cielos y la tierra".[5] Después de esto Dios pasa a crear la luz y la oscuridad; el cielo, el agua y la tierra; el sol, la luna y las estrellas; y plantas, animales y humanos.[6] Después de cada paso, leemos: "Y Dios consideró que esto era bueno".[7] El Apóstol Pablo, de quien hablamos en nuestro último capítulo, explicó simplemente, "Todo lo que Dios ha creado es bueno".[8]

¿Por qué Permite Dios el Dolor y el Sufrimiento?

> si quitaras todas las cosas buenas del mundo, no quedaría nada. El mal no permanecería en su lugar, porque el mal no puede existir por sí solo.

Dentro del cristianismo, se sabe que Dios es luz y en él no hay ninguna oscuridad.[9] Y sin embargo el dolor, el sufrimiento, la tragedia, la desgracia, la maldad y el mal, todos existen. Es posible que hayas notado que nuestra lista anterior no menciona a Dios creando ninguna de esas cosas. Entonces, ¿cómo podemos reconciliar la creencia de que Dios es bueno y creó "todas las cosas" con la existencia del mal?[10] ¿De dónde vino el mal?

Si creciste en la iglesia, podrías decir que el mal vino de Satanás. Esa es una respuesta justa. Pero entonces, ¿quién creó a Satanás? Sencillamente, Dios lo hizo. Pero hay una advertencia: como acabamos de comentar, Dios creó todo para que fuera bueno. Cada parte de la creación, incluido el diablo, era inicialmente "muy buena".[11] De hecho muchos cristianos creen que Satanás fue creado originalmente como un ángel para servir y glorificar a Dios. La Biblia indica que en algún momento antes de que existiera nuestro mundo, un grupo de ángeles se rebeló contra Dios.[12] Con base en las Escrituras, parece probable que Satanás dirigió esta revuelta celestial.[13] Como resultado, muchos cristianos ven a Satanás como el primer pecador; él "ha estado pecando desde el principio".[14] Jesús mismo llama al diablo "Desde el principio este ha sido un asesino...¡Es el padre de la mentira!"[15]

Pero, ¿significa esto que Satanás es la fuente del mal? ¿O es Dios la fuente porque creó a Satanás, de quien surgió el mal? Algunas personas creen que la respuesta es simple: si Dios creó todo en el mundo y el mal es algo en el mundo, entonces Dios debe haber creado el mal. Esto parece seguir una lógica sólida. Pero estoy de acuerdo con muchos pensadores a lo largo de la historia, que sugieren que hay una falla en la segunda parte de esta declaración. El mal no es "algo en el mundo" sino la *falta* de algo más.

El Mal como Ausencia del Bien

Según muchos teólogos y filósofos, el mal no es una cosa en sí misma. Agustín de Hipona, un teólogo y filósofo que vivió entre 354 y 430 d. C., describió el mal como la ausencia del bien. Agustín escribió:

> Porque ¿qué es eso que llamamos mal sino la ausencia del bien? En los cuerpos de los animales, la enfermedad y las heridas no significan sino la ausencia de salud; porque cuando se efectúa una cura, eso no significa que los males que estaban presentes, a saber, las enfermedades y heridas, se van del cuerpo y moran en otra parte: todos ellos dejan de existir; porque la herida o enfermedad no es una

¿Por qué Permite Dios el Dolor y el Sufrimiento?

sustancia, sino un defecto en la sustancia carnal, siendo la carne misma una sustancia, y por lo tanto algo bueno, de lo cual esos males, es decir, las privaciones del bien que llamamos salud, son accidentes. Del mismo modo, los llamados vicios en el alma no son más que privaciones del bien natural. Y cuando se curan, no se trasladan a otra parte: cuando dejan de existir en el alma sana, no pueden existir en ninguna otra parte.[16]

Esta comprensión del mal no es exclusiva del cristianismo. Puedes ver esta cosmovisión en una variedad de religiones y filosofías, desde los neoplatónicos hasta los seguidores de la Fe bahá'í. 'Abdu'l-Bahá, el hijo del fundador de la Fe bahá'í, ha escrito:

> Es posible que una cosa en relación con otra sea mala y, al mismo tiempo, dentro de los límites de su propio ser, no sea mala. Entonces se prueba que no existe el mal; todo lo que Dios creó, lo creó bueno. Este mal es la nada; así la muerte es la ausencia de vida. Cuando el hombre ya no recibe vida, muere. La oscuridad es la ausencia de luz: cuando no hay luz, hay oscuridad. La luz es una cosa existente, pero la oscuridad es inexistente.[17]

Reflexiona sobre este pensamiento: si quitaras todas las cosas buenas del mundo, no quedaría nada. El mal no permanecería en su lugar, porque el mal no puede existir por sí solo.

Libre Albedrío y Responsabilidad

A medida que continuamos en Génesis, aprendemos que "Dios creó a la humanidad a su propia imagen".[18] Así como Dios tiene la libertad de actuar, también, aunque de una manera mucho más limitada, los humanos tienen la libertad de tomar decisiones. Con esta libertad viene la responsabilidad; como tus padres siempre te dijeron, las elecciones y decisiones traen consecuencias. Las personas pueden elegir el amor, la rectitud y la justicia. Igualmente podemos elegir el odio, la inmoralidad y la iniquidad.

Una de las respuestas más convincentes e influyentes al tema del mal es la "teodicea del libre albedrío", de Agustín. Agustín enseñó que el mal existe como una posibilidad necesaria en un mundo de seres libres y moralmente conscientes. Desde esta perspectiva, un mundo sin posibilidad de dolor sería un mundo sin posibilidad de libre elección o amor verdadero, un mundo lleno de autómatas, no de seres humanos reales. Pero Dios le dio a la gente el don y la responsabilidad de elegir, la capacidad de dar nuestro amor libremente a los demás. El amor forzado no es en absoluto, amor. Si obligo o soborno a mi nieta para que me de un abrazo, significaría poco. Pero cuando mi nieta envuelve sus bracitos alrededor de mi cuello y me da un gran beso, mi alegría es dulce porque sé que ella eligió darme su amor. Cuando elegimos ser voluntarios, donar nuestros recursos o actuar en tiempos de crisis para personas que ni siquiera conocemos, eso es amor en acción. Y ese amor se está dando libre, por nuestra propia voluntad.

Sí, Dios pudo haber creado un mundo de robots incapaces de hacerse daño, un universo de marionetas sin un pensamiento independiente en la cabeza. Pero imagina lo que perderíamos como humanos si se eliminaran todas nuestras opciones, si no tuviéramos la capacidad de tomar decisiones con consecuencias. Nos reduciríamos a autómatas. En cambio, nuestro mundo contiene oportunidades para elecciones morales y amor, así como opciones inmorales y odio. Todos los días cada uno de nosotros es libre de tomar decisiones que tienen consecuencias reales. A veces elegimos sabiamente; otras veces hacemos daño a los demás y a nosotros mismos.

Caída: Dios Aflige Nuestro Dolor

La primera evidencia de la elección humana viene muy temprano en la historia de nuestra existencia, en la forma de la reacción de Adán y Eva a una instrucción de Dios. Después de crear al hombre y a la mujer, Dios les dijo: "Puedes comer de todos los árboles del jardín, pero del árbol del conocimiento del bien y del mal no deberás comer. El día que de él comas, ciertamente morirás".[19] Adán y Eva tenían la opción de qué hacer con el mandamiento de Dios. Podían hacer lo que les decía, o podían desafiar sus instrucciones y comer del árbol. Las personas tienen opciones, y las acciones tienen consecuencias de gran alcance, a veces más de lo que jamás creímos posible.

Las Decisiones Tienen Consecuencias

La siguiente porción de Génesis cuenta la historia de lo que comúnmente se conoce como "la Caída": la decisión de Adán y Eva de desobedecer a Dios. "La mujer vio que el fruto del árbol era bueno para comer, y que tenía buen aspecto y era deseable para adquirir sabiduría, así que tomó de su fruto y comió. Luego le dio a su esposo, y también él comió".[20] Esta acción, a menudo llamada "pecado original", tuvo ramificaciones devastadoras. Las consecuencias fueron rápidas y brutales:

> A la mujer le dijo: Multiplicaré tus dolores en el parto, y darás a luz a tus hijos con dolor. Desearás a tu marido, y él te dominará. Al hombre le dijo: Por cuanto le hiciste caso a tu mujer, y comiste del árbol del que te prohibí comer, ¡maldita será la tierra por tu culpa! Con penosos trabajos comerás de ella todos los días de tu vida. La tierra te producirá cardos y

espinas, y comerás hierbas silvestres. Te ganarás el pan con el sudor de tu frente, hasta que vuelvas a la misma tierra de la cual fuiste sacado. Porque polvo eres, y al polvo volverás"... Entonces Dios el Señor expulsó al ser humano del jardín del Edén, para que trabajara la tierra de la cual había sido hecho".[21]

¿Parece eso una especie de reacción exagerada de parte de Dios? Ciertamente puedo entender esa perspectiva. Pero, aunque comer la fruta fue un acto aparentemente pequeño, a través de su decisión de hacerlo, Adán y Eva se rebelaron contra Dios a un nivel profundo. Al elegir desafiar a Dios no sólo ignoraron su mandato, sino que también dudaron de su bondad y desafiaron su autoridad. Pensaron que Dios les estaba ocultando algo que merecían tener, y decidieron que sabían, mejor que Dios, lo que era mejor para ellos.

Como fundadores de la humanidad, la decisión de Adán y Eva causó un daño incalculable a la raza humana y al planeta. Puede que no parezca justo que toda la humanidad tenga que sufrir a causa de un error que alguien más cometió hace milenios. Pero los cristianos creen que de manera similar a como heredamos rasgos físicos de nuestros padres, también heredamos características espirituales. De esta manera tener una naturaleza pecaminosa es una cuestión de lo que podrías considerar nuestra "genética espiritual". Aquí entra en juego el concepto teológico de la jefatura federal. La jefatura federal puede parecer una frase intimidante, pero en esencia significa simplemente que como el primer ser humano creado, Adán era la "cabeza" de la raza humana y representaba a toda la humanidad. Y sus acciones (como su elección de desobedecer a Dios) representaron las acciones de toda la humanidad. Vemos algo similar cuando las acciones de los padres impactan a toda la familia. La Biblia lo explica así: "Por medio de un solo hombre el pecado entró en el mundo, y por medio del pecado entró la muerte; fue así como la muerte pasó a toda la humanidad, porque todos pecaron".[22]

De hecho, desde ese día en el jardín hemos seguido los pasos de Adán a través de nuestro comportamiento pecaminoso. Después de su destierro del Edén, Adán y Eva tuvieron dos hijos, Caín y Abel. A medida que pasaba el tiempo, Caín se puso celoso de Abel y finalmente lo mató por ira. Tanto judíos como cristianos y musulmanes consideran este acto como el primer asesinato cometido en la tierra. Como resultado somos "pecadores dos veces: pecamos porque somos pecadores (la elección de Adán), y somos pecadores porque pecamos (nuestra elección). Somos más que pecadores *potenciales*; somos pecadores en *práctica*".[23]

La desobediencia entró en escena, y con ella vino la vergüenza, el quebrantamiento y finalmente la muerte, tal como Dios había dicho que sucedería. El mal

¿Por qué Permite Dios el Dolor y el Sufrimiento?

que entró en nuestro mundo también afectó a la naturaleza. Como leímos antes, incluso la tierra misma fue maldecida como resultado de la elección de Adán y Eva. Muchos creen que esta es la causa fundamental de los desastres naturales. Si bien la ciencia explica detalladamente *cómo* ocurren estos eventos, no necesariamente brinda una respuesta satisfactoria a la pregunta de *por qué* ocurren. ¿Por qué tenemos huracanes, inundaciones, tornados, sequías y terremotos? Muchos cristianos creen que el dolor que surge de estos eventos finalmente aparece como resultado de la maldición sobre la tierra. La pareja humana original pecó y todo nuestro mundo fue afectado. El pecado casi siempre afecta a quienes nos rodean; en este caso, todavía se siente el alcance del pecado original.

¿Le importaba a Dios algo de esto? ¿Le importa que estemos sufriendo? ¿Cómo afectó a Dios la entrada del mal en el mundo?

Nuestro Dolor Causa Dolor a Dios

Para la mayoría de nosotros es natural llorar cuando alguien está sufriendo, tal como yo lloré con mi amigo por la pérdida de su hijo. La mayoría de nosotros también condenamos actos malvados como cuando alguien maltrata o abusa de otra persona. Pero quizás los momentos más aterradores son aquellos cuando vislumbramos en nuestras propias almas y vemos el mal allí: la mezquindad, el odio, la amargura. La mayoría de las veces no nos permitimos ver nuestra propia maldad; es incómodo y vergonzoso enfrentar la oscuridad en nuestros corazones... pero, no obstante, es real. Me siento tan frustrado conmigo mismo cuando me equivoco, y me siento horrible cuando causo dolor a alguien con mi egoísmo o palabras desagradables. Me apeno cuando mis acciones hieren a los que me rodean. Tenemos que abordar de frente la fealdad en nuestro mundo y en nuestros corazones. Debemos llorar el abuso, la violencia sin sentido y la injusticia. Deberíamos afligirnos por la desigualdad, el odio y cada vez que el interés propio vence a la compasión.

Génesis 6 nos dice que el dolor es precisamente lo que Dios sintió cuando vino el mal al mundo: "Al ver el Señor que la maldad del ser humano en la tierra era muy grande, y que todos sus pensamientos tendían siempre hacia el mal, se arrepintió de haber hecho al ser humano en la tierra, y le dolió en el corazón".[24] El corazón de Dios se llenó de dolor cuando vio la maldad en su mundo. Piensa en lo difícil que es ver a quienes amas cometer errores, causar dolor a los demás y hacerse daño a sí mismos. Los cristianos creen que es lo mismo para Dios; de hecho, desde la perspectiva cristiana, el dolor que siente Dios por el dolor que nos causamos unos a otros y la maldad en el mundo, es aún mayor de lo que podemos comprender. Dios sabe que el

¿Por qué Permite Dios el Dolor y el Sufrimiento?

mundo no estaba destinado a ser así: no fuimos creados para oprimirnos, violentarnos y matarnos unos a otros. Sin embargo, nuestra capacidad para el mal parece no tener límites, el mundo está quebrado y el corazón de Dios se rompe por él.

> Para los cristianos, la crucifixión es, paradójicamente, el momento más oscuro y brillante de toda la historia mundial.

Pero si Dios está tan perturbado por el estado del mundo, ¿por qué no hace algo al respecto?

Salvación: Dios Nos Salva de Nuestro Dolor y Sufrimiento
En los siglos posteriores a la Caída, las cosas en esta tierra se deterioraron terriblemente. Leemos que el mundo y la raza humana se corrompieron y se llenaron de violencia. Dios podría haber destruido totalmente el mundo que hizo, y habría sido justificado. Pero en cambio, Dios hizo algo muy, muy diferente. Aquí hay una vista previa de lo que profundizaremos en el capítulo 5: según la comprensión cristiana, en su amor insondable e ilimitado, Dios dio el paso drástico de hacerse humano para tomar sobre sí el mal del mundo. Jesús vino al mundo completamente Dios y completamente humano. Vivió una vida perfecta, murió en la cruz por nuestros pecados, cargó con el peso de nuestras culpas y luego se levantó de la tumba, venciendo el pecado, el quebrantamiento y la muerte. El

pecado entró en el mundo por la libre elección de Adán y Eva, y fue vencido por la libre elección de Jesús. Así como Adán y Eva eligieron desobedecer a Dios, incurriendo en la muerte por el pecado, así Jesucristo eligió morir por nosotros, venciendo la muerte a través de la resurrección. En la comprensión cristiana, Jesús realizó el último acto de amor para salvarnos del sufrimiento y del mal.

La cruz es esencial para el cristianismo. La cruz de Jesucristo es lo que Dios hizo contra el mal. Los cristianos entienden que Jesús es el cumplimiento de las palabras registradas por el profeta Isaías, siglos antes de que naciera Jesús:

> Ciertamente él cargó con nuestras enfermedades y soportó nuestros dolores, pero nosotros lo consideramos herido, golpeado por Dios, y humillado. Él fue traspasado por nuestras rebeliones, y molido por nuestras iniquidades; sobre él recayó el castigo, precio de nuestra paz, y gracias a sus heridas fuimos sanados. Todos andábamos perdidos, como ovejas; cada uno seguía su propio camino, pero el Señor hizo recaer sobre él la iniquidad de todos nosotros.[25]

Jesucristo tomó las penas y los pecados de toda la humanidad y los llevó a la cruz. Allí experimentó toda la desesperación y el aislamiento de toda una especie de separación de Dios. Él sufrió y murió para que podamos encontrar el perdón de nuestros pecados, la salvación de nosotros mismos y la reconciliación con Dios. Para los cristianos, la crucifixión es, paradójicamente, el momento más oscuro y brillante de toda la historia mundial. En su libro *Cartas a una Iglesia Disminuida* (*Letters to a Diminished Church*), Dorothy Sayers escribe:

> Cualquiera que sea la razón por la que Dios eligió hacer a las personas como son: limitadas, sufrientes y sujetas a dolores y muerte, tuvo la honestidad y el coraje de tomar de su propia medicina. Sea cual sea el juego que está jugando con su creación, ha mantenido sus propias reglas y ha jugado limpio. Él no puede exigir nada de nosotros que no se haya exigido a sí mismo. Él mismo ha pasado por toda la experiencia humana, desde las irritaciones triviales de la vida familiar y las restricciones agobiantes del trabajo duro y la falta de dinero, hasta los peores horrores del dolor y la humillación, la derrota, la desesperación y la muerte. Cuando era hombre, jugaba al hombre. Nació en la pobreza y murió en desgracia y pensó que todo valía la pena.[26]

Dios Pondrá Fin a Nuestro Dolor y Sufrimiento

La fe cristiana dice que la resurrección no es el final de la historia. Un día Cristo regresará. Todo el mal y el dolor serán eliminados, reemplazados por perfecta paz y alegría. Aunque la Biblia nunca garantiza que nuestro sufrimiento cesará en esta vida, concluye con la promesa de un futuro glorioso en el que todo dolor y sufrimiento desaparecerán para siempre: "¡Aquí, entre los seres humanos, está la morada de Dios! Él acampará en medio de ellos, y ellos serán su pueblo; Dios mismo estará con ellos y será su Dios. Él les enjugará toda lágrima de los ojos. Ya no habrá muerte, ni llanto, ni lamento ni dolor, porque las primeras cosas han dejado de existir".[27]

De acuerdo con la Biblia cualquier mal horrible que hayas experimentado, cualquier dolor que te paralice, algún día te será arrebatado.[28] "La imagen de Dios enjugando las lágrimas de los ojos de su pueblo comunica no sólo el *cese de* los sufrimientos terrenales, sino también el *consuelo de* los sufrimientos terrenales".[29] El sufrimiento no es toda la historia de nuestro mundo. La corrupción del mal será deshecha; la belleza, la paz y la bondad serán restauradas. Tus lágrimas de tristeza se convertirán en lágrimas de alegría.

¿Por qué Dios No Acaba con el Mal Ahora?

Esa es una imagen hermosa, pero aún quedan preguntas: ¿Por qué Dios no se deshace del mal ahora mismo? ¿Por qué dejar que una persona más sea abusada? ¿Ser diagnosticada con cáncer? ¿Asesinada en un tiroteo desde un vehículo? ¿Por qué dejar que todo esto siga? Este tipo de preguntas presionan especialmente cuando te preguntas a ti mismo y a Dios, ¿por qué perdiste *tu* trabajo, por qué murió *tu* bebé, por qué *tienes* dolor crónico?

Tratar de responder a estas preguntas puede ser comparable a intentar caminar con zapatos que son demasiado grandes para nosotros. ¿Quién puede decir que Dios entiende las cosas como nosotros? Si creemos que estamos hablando de un Dios que es lo suficientemente grande como para crear todo el universo, incluso un Dios que nos creó a nosotros, ¿por qué esperaríamos que nuestros pensamientos estén al mismo nivel que los pensamientos de Dios? De hecho, la Biblia dice rotundamente que los caminos de Dios no son como los nuestros: "Porque mis pensamientos no son los de ustedes, ni sus caminos son los míos—afirma el Señor—.Mis caminos y mis pensamientos son más altos que los de ustedes; ¡más altos que los cielos sobre la tierra!"[30] Es posible que simplemente no comprendamos ahora y no podamos comprender después las respuestas a nuestras preguntas.

Hay otro factor a tener en cuenta. Considera las palabras del apóstol Pedro: "El Señor no tarda en cumplir su promesa, según entienden algunos la tardanza. Más bien, él tiene paciencia con ustedes, porque no quiere que nadie perezca, sino que todos se arrepientan".[31] Al permitir que el mal sobreviva en este mundo, Dios pospone el día del juicio final. Aunque parezca bastante contradictorio, considera la posibilidad de que Dios permita que el mal continúe por misericordia. Si Dios librara al mundo del mal ahora, de acuerdo con la fe cristiana, todos los que todavía tienen que escuchar y aceptar las buenas nuevas de Jesucristo estarían perdidos por la eternidad. Nadie más entraría en el reino de Dios. Tal vez a los ojos de Dios, el "mal menor" es permitir que continúe este sufrimiento temporal mientras se les da más tiempo para encontrar a millones de personas que están perdidas.

La verdad es que ninguno de nosotros puede decir con certeza ¿Por qué se permite que el mal continúe en este mundo? Lo que sí sabemos es que, según la Biblia, Dios no es el autor del mal. Dios hace solo cosas buenas. Dios siente nuestro dolor y sufrimiento. Dios vino a la tierra como Jesucristo para sufrir y morir por el perdón de nuestros pecados. Dios terminará con nuestro dolor y sufrimiento algún día. La historia bíblica de la creación, la caída y la salvación, aborda intelectualmente el problema del mal, pero esas respuestas rara vez traen consuelo en la oscuridad del intenso dolor y sufrimiento.

La Biblia no se esconde de este profundo dolor. En medio de su agonía, personajes bíblicos como Job, Habacuc y Jeremías gritaron su confusión sobre lo que Dios estaba haciendo en el mundo. Todo el libro de Lamentaciones está dedicado a oraciones de dolor; el autor clama por el dolor de este mundo y nuestra incapacidad para comprenderlo. En el libro de los Salmos el dolor, la desesperación y el lamento son temas comunes. La Biblia no rehuye la realidad de nuestro dolor. Incluso Jesús lloró por la muerte y el dolor que trae.[32]

Por supuesto, saber que Jesús sufrió no quita nuestro dolor. Pero el sufrimiento de Cristo puede darnos esperanza en tiempos difíciles porque nos ofrece algo más fuerte que el sufrimiento: el amor de Dios, un "amor que sobrepasa todo conocimiento".[33] Como explica Tim Keller:

> Si volvemos a hacer la pregunta, "¿Por qué Dios permite que continúen el mal y el sufrimiento?" y miramos la cruz de Jesús, todavía no sabemos cuál es la respuesta. Sin embargo, ahora sabemos cuál no es la respuesta. Eso no puede ser que no nos quiera. No puede ser que sea indiferente o desprendido de nuestra condición. Dios toma nuestra miseria y sufrimiento tan en serio que estuvo dispuesto a asumirlos.[34]

Cómo Afrontar el Dolor y el Sufrimiento

Entonces, ¿qué hacemos cuando sufrimos en el presente? ¿Qué significa todo esto en la práctica? El sufrimiento puede producir diferentes resultados para diferentes personas dependiendo de la respuesta a sus circunstancias. La misma experiencia dolorosa puede volver amarga y cínica a una persona, pero hacer que otra sea compasiva y amable. ¿Qué hace la diferencia?

Un aspecto importante de la enseñanza de la Biblia es el llamado a perseverar con integridad a través del sufrimiento. El apóstol Santiago enseñó que las pruebas deben considerarse "puro gozo" porque producen perseverancia.[35] El Apóstol Pablo llevó el concepto aún más lejos, diciendo que "el sufrimiento produce perseverancia; la perseverancia, entereza de carácter; la entereza de carácter, esperanza".[36] El Nuevo Testamento llama repetidamente a los cristianos a resistir el sufrimiento injusto e incluso a regocijarse en él a la luz de los propósitos redentores de Dios.[37] El sufrimiento puede endulzarnos y profundizarnos. El sufrimiento puede envenenarnos y amargarnos. Tenemos una opción.[38]

El psicólogo judío Viktor Frankl pasó años en un campo de concentración nazi durante el Holocausto. Después de su liberación, Frankl escribió sobre sus experiencias y observaciones durante ese tiempo. En su libro *La Búsqueda del Sentido del Hombre* (*Man's Search for Meaning*), escribió: "A un hombre se le puede quitar todo excepto una cosa: la última de las libertades humanas, elegir su actitud en cualquier situación, elegir su propio camino".[39]

¿Por qué Permite Dios el Dolor y el Sufrimiento?

Todos hemos visto lo bueno que puede surgir de las malas situaciones. Por ejemplo, a lo largo de los años he visto a varias personas de varios grupos tratar de unir a la gente para cuidar de nuestra comunidad. Pero nunca ha funcionado ni ha tenido ningún poder de permanencia, hasta que llegó COVID. En 2020, el Gerente de la Ciudad de McKinney reunió a líderes comunitarios incluidos el alcalde, los jefes de policía y de bomberos, el superintendente, directores de organizaciones sin fines de lucro, pastores y dueños de negocios. Juntos formamos One Heart McKinney. Nos reunimos virtualmente todas las semanas, recaudamos más de $200,000 para alentar y cuidar a nuestra gente con comida y refugio. Vimos el sufrimiento que tenía lugar en nuestra comunidad y tomamos medidas para reconocerlo y, en la medida de nuestras posibilidades, resolverlo.

En marzo de 2021 nos reunimos en persona por primera vez. Designamos un grupo de trabajo para crear One Heart McKinney 2.0 con una nueva misión: coordinar a toda la comunidad para maximizar el bienestar en la vida diaria, y responder y recuperarse de cualquier crisis comunitaria. Sabemos por experiencia que nada de esto hubiera pasado sin la crisis del COVID.

Podemos elegir responder al dolor a la luz de cómo Dios responde a él. Debemos negarnos a descartar tópicos y simpatías superficiales. Debemos reconocer la realidad del sufrimiento y empatizar con los demás entrando en su dolor, como lo hizo Jesucristo. Podemos caminar con las personas en su dolor y consolarlas con nuestra presencia. Podemos encontrar y compartir la profunda esperanza de que un día no habrá más dolor. Hasta ese día debemos estar en contra de la injusticia, "llorar con los que lloran",[40] y encontrar consuelo en la presencia de Dios y en el amor que podemos ofrecernos unos a otros.[41]

Este es el enfoque cristiano del dolor y el sufrimiento. Pero, ¿es el camino cristiano el único camino correcto?

Notas finales para el Capituló 3
1. Trent Reznor, "Hurt," *The Downward Spiral*, A&M Studios, lanzado el 17 de abril, 1995.
2. Richard Dawkins, *The God Delusion* (New York: Bantam Books, 2006), 51.
3. Andrew George, *The Epic of Gilgamesh* (New York: Penguin Books, 1999).
4. John Hospers, *An Introduction to Philosophical Analysis*, 3rd ed. (Abingdon-on-Thames, UK: Routledge, 1990), 310.
5. *La Santa Biblia*, Nueva Versión Internacional © 2011, Génesis 1:1.
6. Ver *La Santa Biblia*, Génesis 1.
7. *La Santa Biblia*, Génesis 1:10, 12, 18, 21, 25.
8. Ibíd., 1 Timoteo 4:4.
9. Ibíd., 1 Juan 1:5.
10. Ibíd., Colosenses 1:16-17, Romanos 11:36, 1 Corintios 8:6.

11. Ibíd., Génesis 1:31.
12. Ibíd., 2 Pedro 2:4 y Judás 6.
13. Parece claro que el diablo es el líder de las fuerzas demoníacas. Las Escrituras se refieren a él como "el maligno" (Mateo 13:19), "el príncipe de este mundo" (Juan 12:31), "el dios de este siglo" (2 Corintios 4:4) y "el príncipe del reino del aire" (Efesios 2:2).
14. *La Santa Biblia*, 1 Juan 3:8.
15. Ibíd., Juan 8:44.
16. Agustín, *El Enchridion, Dirigido a Laurentius; Siendo un tratado sobre la fe, la esperanza y el amor*, trad. JF Shaw, 1883.
17. 'Abdu'l-Bahá, "74. The Nonexistence of Evil," *Some Answered Questions* (US Bahá'í Publishing Trust, 1990), 263–264.
18. Ibíd., Génesis 1:27.
19. Ibíd., Génesis 2:16-17.
20. Ibíd., Génesis 3:6.
21. Ibíd., Génesis 3:16-19, 23.
22. Ibíd., Romanos 5:12.
23. ¿Por qué enfrento las consecuencias del pecado de Adán cuando no comí el fruto?" Got Questions, https://www.gotquestions.org/I-did-not-eat-the-fruit.html.
24. Ibíd., Génesis 6:5-6. Algunas traducciones de la Biblia usan la palabra "entristecido" en lugar de "arrepentido".
25. Ibíd., Isaías 53:4-6.
26. Dorothy Sayers, *Letters to a Diminished Church: Passionate Arguments for the Relevance of Christian Doctrine* (Nashville: Thomas Nelson, 2004), 2.
27. *La Santa Biblia*, Apocalipsis 21:3-4.
28. Romanos 8:21 nos dice que incluso "la creación misma será liberada de su esclavitud a la corrupción y llevada a la libertad y gloria de los hijos de Dios". La maldición sobre la tierra será levantada.
29. Gavin Ortlund, "A Deeper Look at What the Bible Says about Pain and Suffering," Explora Dios,

https://www.exploregod.com/what-the-bible-says- about-pain-and-suffering-paper.
30. *La Santa Biblia*, Isaías 55:8-9.
31. Ibíd., 2 Pedro 3:9.
32. Ibíd., Juan 11:35.
33. Ibíd., Efésios 3:19.
34. Tim Keller, *The Reason for God: Belief in an Age of Skepticism* (New York: Dutton, 2008), 30.
35. Ibíd., Santiago 1:2-4.
36. Ibíd., Romanos 5:3-4.
37. Ibíd., 1 Pedro 4:12–19.
38. Ortlund, "A Deeper Look at What the Bible Says about Pain and Suffering."
39. Viktor E. Frankl, *Man's Search for Meaning* (1946; reprinted, Boston: Beacon Press, 2006), 75.
40. *La Santa Biblia*, Romanos 12:15.
41. Si deseas leer más sobre la perspectiva cristiana de vivir con sufrimiento, consulta *Lament for a Son* de Nicholas Wolterstorff's.

Capítulo 4

¿Es el Cristianismo Demasiado Estrecho?

"Imagina que no hay cielo. Es fácil si lo intentas. No hay infierno debajo de nosotros, arriba de nosotros solo cielo. Imagina a todas las personas viviendo por hoy. Imagina que no hay países. No es difícil de hacer. Nada por lo que matar o morir, y tampoco religión. Imagina toda la gente viviendo la vida en paz. Podrás decir que soy un soñador pero no soy el único". — *"Imagina,"* John Lennon[1]

¿Has escuchado alguna vez el consejo de no hablar de religión o política en la mesa? Este sentimi1 ento se deriva de la inclinación natural humana a evitar la incomodidad. Las conversaciones sobre ambos temas pueden ser tensas, incómodas y francamente conflictivas. Esto es especialmente cierto cuando alguien te dice que su forma de pensar es la única correcta, ¡particularmente si no estás de acuerdo con sus creencias! Este tipo de interacción puede ser molesto, frustrante y ofensivo.

En parte, esta es la razón por la que tendemos a dar prioridad a la tolerancia, la inclusión y la aceptación. Nos apoyamos mucho en dichos como: "Acordemos estar en desacuerdo". "Tú haz lo que tu quieras", decimos. "A cada uno lo suyo". Tal vez hayas visto camisetas o calcomanías estampadas con la palabra "COEXIST" (coexistir) deletreada a través de símbolos de varias religiones y filosofías del mundo. En la raíz de estas declaraciones hay un deseo sincero de lograr una coexistencia armoniosa entre personas de diversas religiones. Pero hay un mensaje subyacente en juego, un subtexto sutil pero consistente: la tolerancia religiosa y el compartir tu fe para animar a los seguidores de una religión diferente a cambiar sus creencias, son mutuamente excluyentes. La tolerancia religiosa significa que no debes afirmar que tu religión es la única correcta.

Como puedes ver en el último capítulo, Jesucristo es fundamental para la comprensión cristiana del lugar de Dios en el dolor y el sufrimiento. De hecho, los cristianos creen que Jesús es la única manera de dar sentido a nuestro mundo y entrar en una relación con Dios. Pero muchos se han opuesto a este punto de vista calificándolo de estrecho, intolerante y arrogante. En un mundo cada vez más centrado en la tolerancia y la aceptación, ¿no es el cristianismo demasiado estrecho? ¿Alguna vez te has preguntado si el cristianismo es realmente la única religión verdadera? ¿Es Jesús el único camino a Dios o los cristianos son demasiado exclusivos?

Desafortunadamente hay cristianos intolerantes y de mente estrecha que dicen y hacen cosas

¿Es el Cristianismo Demasiado Estrecho?

escandalosas y despreciables, en el nombre de Jesús, y tienden a obtener mayor atención de la prensa. Pero nadie quiere ser juzgado por el extremismo. Para abordar estas preguntas de manera justa, debemos mirar el cristianismo en términos de lo que enseña la Biblia sin distraerse con distorsiones.

Diversidad Religiosa

En las últimas décadas el globalismo y nuestro mundo cada día más pequeño, han traído una diversidad religiosa cada vez mayor a la vida de la persona promedio. Aunque el mundo ha estado lleno de diversas religiones durante milenios, la gente a menudo vivía en burbujas culturales antes del Internet y los medios globales. El aumento de la inmigración ha llevado a una mayor diversidad cultural en las ciudades, los lugares de trabajo y los vecindarios de todo el mundo. Ahora más que nunca la variedad de nuestro mundo es evidente, salpicada de noticias personales y pantallas de televisión.

En el 2013, un sitio web nacional de bienes raíces clasificó un área en el suburbio de Irving, en Dallas, como el vecindario más diverso de Estados Unidos.[2] Donde vivo, justo al norte de Dallas, compartimos la vida con hindúes, budistas, musulmanes, mormones, sijs, judíos, bahá'ís, zoroastrianos, secularistas, agnósticos y ateos. Si bien tenemos amigos cristianos, nuestras vidas están llenas de personas de diferentes religiones y cosmovisiones. Espero que te pase lo mismo; la diversidad enriquece nuestras vidas de innumerables maneras. Es genial conocer gente con diferentes tradiciones. Pero cuando llegas a conocer y amar a personas de otras religiones, la exclusividad del cristianismo puede volverse cada vez más incómoda. ¿Es realmente necesario decir que Jesús es *el único* camino? ¿No pueden todas las religiones tener razón?

Pluralismo Religioso

Algunos abordan esta cuestión desde una perspectiva pluralista. Considera esta ilustración que se repite con frecuencia: Dios está sentado en la cima de una montaña. Hay muchos caminos para llegar a la cima, donde se puede encontrar a Dios. A un lado de la montaña está el cristianismo; en otro está el Islam. El hinduismo es otro camino más. Luego tenemos el judaísmo, el gnosticismo, el confucianismo, y así sucesivamente. Entiendes la idea. Cada religión es un camino separado, pero igualmente legítimo hacia el mismo Dios. Los viajes pueden ser diferentes pero el destino es el mismo.

La mayoría de las religiones tienen varias cualidades similares. Fundamentalmente la mayoría reconoce la existencia de un ser, seres o esencia divina. Muchas religiones están de acuerdo en que algo, ya sea el pecado o la necesidad de iluminación o la falta de fe, ha creado una barrera entre los humanos y lo divino. La mayoría de las filosofías religiosas están de acuerdo en que, sea cual sea la causa, podemos superar esa barrera en nuestra búsqueda de conocer lo divino. Como tal, la mayoría de las religiones ponen énfasis en vivir una vida moral dedicada a la búsqueda de lo divino; para muchos, esto se hace en parte para lograr una vida más placentera después de la muerte. Con tantos puntos en común, la filosofía de "diferentes caminos, mismo destino" ciertamente parece bastante razonable.

En marcado contraste con un programa tan inclusivo y de vista armoniosa, destaca el exclusivismo religioso. El exclusivismo religioso declara que solo una religión es correcta o verdadera. Los adherentes de muchas religiones, incluido el cristianismo, hacen afirmaciones exclusivas sobre sus creencias y prácticas, incluso quién es Dios y cómo podemos relacionarnos con él. Los cristianos declaran persistentemente que el suyo es el único camino correcto hacia Dios, la única religión verdadera. Es comprensible que esto moleste y ofenda a innumerables personas, incluidos muchos cristianos. La teóloga católica Rosemary Radford Ruether afirmó que "la idea de que el cristianismo o incluso las creencias bíblicas puedan tener el monopolio de la verdad religiosa, es un chauvinismo religioso escandaloso y absurdo".[3] Mucha gente estaría de acuerdo con Rosemary; la idea de que el cristianismo es el único camino a Dios no sólo es excluyente sino arrogante. No importa lo que una persona crea, si él o ella es sincero en esa creencia, ¿quién eres tú para decir que está equivocado?

Sinceridad en la Fe

¿Alguna vez has conocido a alguien que seguía una religión diferente y te sentiste un poco

> Jesús abrió el camino para que cada uno de nosotros tenga una relación directa y personal con Dios.

avergonzado o incluso celoso de su sincera devoción a su fe? Tal vez parecían más comprometidos con sus creencias de lo que a veces te sientes con las tuyas. Tal vez parecían estar haciendo un esfuerzo más sincero por vivir su fe que tú por vivir la tuya. Cualquiera que sea la razón, puedes *sentir* su dedicación, fidelidad y piedad. A la luz de tal sinceridad, la naturaleza excluyente de decir que solo una religión es la correcta se siente no solo como una mente estrecha, sino como una total falta de respeto. En la cultura occidental, especialmente, se tiene en alta estima la retención del juicio percibido o real de las elecciones de los demás. Incluso si no estás de acuerdo con el estilo de vida de alguien, es más aceptable socialmente callarse y "dejar que viva su vida".

Este enfoque se ha visto reforzado por lo que a veces se denomina "teología de la recuperación", popularizada por organizaciones como Alcohólicos Anónimos (AA). Es difícil exagerar el excelente trabajo que AA y organizaciones como esta, hacen para ayudar a millones de personas a liberarse de la adicción. Los miembros de AA siguen un programa estructurado de doce pasos, que incluye la admisión de que "dado que no pudimos restaurarnos a nosotros mismos a la cordura, algún Poder Superior necesariamente debe hacerlo".[4] El Paso 3 del programa establece claramente que "la eficacia de todo el programa de AA se basará en cuán bien y con fervor hayamos tratado de llegar a la decisión de entregar nuestra voluntad y nuestra vida al cuidado de Dios tal *como lo entendemos*".[5]

Se alienta a los miembros de AA a identificar y confiar en su propia definición de un poder superior. Esto podría ser cualquier cosa, desde el Dios de una religión en particular, hasta el universo como un todo o el AA mismo. No debe juzgarse ni criticarse el poder superior elegido por otra persona, siempre y cuando le ayude a recuperarse. Esto parece comprensible y práctico. ¿Qué importa realmente, siempre y cuando se logre el resultado deseado? Si alguien está sobrio y sanando, ¿a quién le importa si la definición de Dios de esa persona coincide con la tuya?

Entonces, cuando los cristianos, o cualquier persona, vienen y afirman que *su* Dios es el único poder superior verdadero, eso parece irracional e incluso destructivo. ¿Dónde está su tolerancia? En los Estados Unidos, muchas personas señalan la historia de la nación para demostrar que la tolerancia religiosa es la piedra angular de la cultura. Después de todo, si el país se fundó sobre el principio de la libertad de religión, ¿cómo se atreve alguien a decir que todo el mundo tiene que estar de acuerdo con sus creencias religiosas particulares? Eso es controlador, injusto e intolerante. Puedes creer lo que quieras, esa es tu prerrogativa, pero no *me digas* qué creer. Eso no es asunto tuyo de todos modos. Todos deberían poder adherirse a la religión o filosofía que mejor se alinee con sus pensamientos y cosmovisión.

> El cristianismo no es un libro de reglas, un conjunto de rituales o un código de leyes; es una relación con Dios.

Examinando el Cristianismo

Todos estos son puntos buenos y justos. Las preocupaciones planteadas son válidas y sensatas. Si eres cristiano, es posible que hayas escuchado algunas de estas mismas declaraciones. Si no lo eres, es posible que tú mismo hayas expresado los sentimientos anteriores; francamente, eso también puede ser cierto para muchos cristianos. Es importante saber que está bien tener estas preguntas, dudas e inquietudes. No es cómodo ni divertido decirle a alguien que está equivocado y tampoco lo es que te lo digan. Entonces, ¿por qué esta estrechez percibida es parte del cristianismo desde el principio?

Dediquemos un tiempo a examinar qué *es*

realmente el cristianismo. A menudo la gente no argumenta contra el cristianismo verdadero, sino contra una caricatura del mismo. Tal vez creciste en la iglesia escuchando "el evangelio" todos los domingos, pero aún no entiendes lo que significa. Tal vez nunca hayas abierto una Biblia. Tal vez solías creer, pero has perdido tu fe. No importa de dónde vengas, trata de despejar tu mente de presuposiciones y prejuicios (ya sea a favor o en contra del cristianismo) y echa un vistazo a lo que la Biblia realmente dice acerca de seguir a Jesús.

El Evangelio: La Idea Central del Cristianismo

El cristianismo se centra en el evangelio de Jesucristo. Como discutimos en el capítulo 2, "evangelio" proviene de la palabra griega *euangelion*, que significa simplemente "buenas noticias". Entonces, para decirlo de otra manera, el cristianismo se centra en las buenas nuevas de Jesucristo: su mensaje para la humanidad. Tal vez hayas escuchado el término "el evangelio", pero no estás muy seguro de lo que significa. Sumerjámonos juntos.

Para entender las buenas noticias, primero tenemos que estar seguros de que captamos las malas. Antes de que Adán y Eva desobedecieran a Dios, los humanos y Dios compartían la vida juntos en el Jardín del Edén. Pero como he dicho, los cristianos creen que el pecado fracturó nuestra relación con Dios y convirtió al mundo en algo que no estaba destinado a ser. Y como en cualquier relación, cuando hemos lastimado o traicionado a la otra parte, debemos hacer las paces para restaurar esa relación. Pero la parte aterradora es que no hay nada que podamos decir o hacer para solucionar este problema. La brecha entre nosotros y lo divino es demasiado grande. El pecado y la muerte infectaron nuestro mundo, y no hay nada que podamos hacer para restaurarlo.

¿Te sientes desesperanzado? No te desesperes; es hora de las buenas noticias. Los cristianos creen que Dios intervino para reparar nuestra relación. Sabiendo que nunca podríamos encontrar el camino de regreso a él por nuestra cuenta, Dios vino a nosotros a través de Jesús. Mientras estuvo aquí, Jesús vivió una vida sin pecado —aunque no porque nunca fuera tentado—. Experimentó plenamente la vida humana, con todas sus frustraciones, emociones y tentaciones.[6] Pero debido a que Jesús también era divino, pudo resistir el impulso de ceder a las tentaciones pecaminosas. Pasó los últimos años de su vida viajando y enseñando a otros sobre quién es Dios, el amor que Dios ofrece a cada persona y cómo vivir una vida justa. Muchos de los líderes religiosos de la época se sintieron amenazados y enojados por las enseñanzas de Jesús, que consideraban una blasfemia. Finalmente, Jesús fue arrestado, torturado, crucificado y murió, aunque no había hecho nada malo. Los cristianos creen que en ese momento Jesús, quien no tenía pecado, cargó con todas nuestras culpas y sufrió el castigo que cada uno de nosotros merece.

Pero la historia no terminó ahí. Tres días después Jesús resucitó, conquistando el pecado y la muerte de una manera que nosotros nunca pudimos. Como resultado de la muerte sacrificial y la resurrección victoriosa de Jesús, él abrió el camino para que cada uno de nosotros tenga una relación directa y personal con Dios. Una forma útil de entender este concepto crucial es pensar en Jesús como el puente entre nosotros y Dios, entre la humanidad y lo divino. Gracias a este puente podemos recibir el perdón de nuestros pecados y, en última instancia, la vida eterna con Dios. Todo esto se resume en el famoso versículo en Juan 3:16: "Porque tanto amó Dios al mundo que dio a su Hijo unigénito, para que todo el que cree en él no se pierda, sino que tenga vida eterna".

Gran parte de la ley judía (que se encuentra en la Biblia hebrea o lo que muchos cristianos llaman el Antiguo Testamento) detalla varios procesos que se deben seguir, y los sacrificios que se deben hacer para volver a estar bien con Dios después de haber pecado. En el entendimiento cristiano Jesús vino a la tierra como cumplimiento de estas leyes. La muerte de Jesús actuó como el último sacrificio, el último gesto del amor de Dios para toda la humanidad, liberándonos de las ataduras del pecado y las leyes sacrificiales. A través de su sacrificio podemos ser salvos.

A menudo en una conversación informal, cuando hablamos de la necesidad de ser "salvados" de algo, no estamos hablando en términos religiosos en absoluto. Queremos salvarnos de una deuda financiera, una enfermedad, la muerte o incluso cosas más casuales como una mala cita o una reunión aburrida. Si bien los cristianos creen que la fe impacta todos los aspectos de la vida, el alejamiento de situaciones incómodas no es el significado central de la salvación aquí. En este contexto la salvación se refiere a la liberación de la separación eterna de Dios. Y Dios ofrece esa salvación gratuitamente a cualquiera.

Esta "buena noticia" contrasta con el mensaje de muchas otras religiones. En esencia, la mayoría de ellas transmiten algo como esto: "Para ganar la salvación, necesitas hacer estas cosas y vivir de esta manera". Por ejemplo, los budistas creen que, para alcanzar el Nirvana, una persona debe seguir el Noble Camino Óctuple, un proceso de esfuerzo personal y disciplina para terminar con el sufrimiento. Los hindúes creen que uno alcanza Moksha, la liberación espiritual de este mundo y el ciclo de la muerte y la reencarnación, mediante la práctica del autosacrificio, la meditación y ciertos niveles de autorrealización. Los musulmanes creen que Alá otorga el Paraíso a aquellos que viven una vida de rectitud moral, utilizando los Cinco Pilares como pautas básicas. En cambio, el cristianismo dice: "Lo que tenía que suceder para que fueras salvo, se ha hecho. Nunca podrías hacer lo suficiente o ser lo suficientemente bueno para ganarlo a través de tus palabras o acciones. La salvación es un regalo de Dios dado a ti, a través de Jesús". En esencia, el evangelio cristiano es un mensaje gozoso de amor divino, salvación y redención.

Jesús Como el Camino

Es por eso que escuchas a los cristianos hablar de Jesús como "el camino a Dios". Cada uno de nosotros hemos perdido nuestro camino y necesitamos encontrar el de regreso a Dios. Los cristianos creen que Dios proveyó precisamente eso. Jesús lo dejó claro en una conversación con sus discípulos: "Yo soy el camino, la verdad y la vida. Nadie llega al Padre sino por mí".[7] No dijo que *conocía o enseñaba* el camino, la verdad y la vida; dijo que él *es* el camino, la verdad y la vida. El cristianismo no es un libro de reglas, un conjunto de rituales o un código de leyes; es una relación con Dios. Jesús es el camino hacia Dios precisamente porque es la verdad de Dios y la vida de Dios.

Los apóstoles más tarde enseñaron lo mismo. Se nos dice que un día Pedro, uno de los doce discípulos originales, sanó a un hombre lisiado, para asombro de los espectadores. Cuando los líderes judíos vieron al hombre y oyeron a Pedro hablar a la gente, exigieron saber con qué nombre o poder lo había sanado. Pedro respondió valientemente: "Sepan, pues, todos ustedes y todo el pueblo de Israel, que este hombre está aquí, delante de ustedes sano, gracias al nombre de Jesucristo de Nazaret, crucificado por ustedes, pero resucitado por Dios".[8]

Desde la perspectiva cristiana, como se refleja en las palabras de Pedro, no podemos salvarnos a nosotros mismos, ni podemos elegir nuestro propio camino de salvación. El evangelio nos llama a este humilde reconocimiento. Debemos abandonar cualquier creencia de que podemos encontrar un camino hacia Dios por nuestra cuenta. El cristianismo bíblico enseña que Jesús es el camino a Dios; sin él, no habría manera. Fue el acto humanamente imposible de sacrificio divino de Jesús lo que abrió el camino a Dios.

La Inclusión del Evangelio

Esto es lo que hace que todo esto sea aún más notable: Jesús vino a la tierra para todos, no solo para los ricos, no solo para los bien educados, no solo para aquellos que se ven, hablan o actúan de cierta manera. Jesús murió y resucitó por todos. Nadie está excluido; nadie se queda fuera. Él es el camino para cada ser humano en el mundo. La primera vez que los seguidores de Jesús compartieron el evangelio con otros, personas de una gran variedad de etnias, idiomas y orígenes eligieron creer en Jesucristo.[9] El mensaje de la muerte, resurrección y amor de Jesús por la humanidad

¿Es el Cristianismo Demasiado Estrecho?

trasciende todas las barreras demográficas. El evangelio es para todos.

Por un lado, es cierto que el cristianismo podría etiquetarse como una religión "estrecha". Jesús mismo dijo: "Entren por la puerta estrecha. Porque es ancha la puerta y espacioso el camino que conduce a la destrucción, y muchos entran por ella. Pero estrecha es la puerta y angosto el camino que conduce a la vida, y son pocos los que la encuentran".[10] Es decir, solo hay un camino a Dios, y ese es a través de Jesús. Pero en este contexto, "estrecho" no significa "exclusivo"".

El cristianismo no es una religión estadounidense ni una religión occidental. No es una religión blanca o una religión de clase alta. Seguir a Cristo es para todas las personas de todos los orígenes en todos los lugares. De hecho, el cristianismo está prosperando en más regiones del mundo que cualquier otra religión, lo que la convierte en la religión con mayor diversidad cultural del mundo.[11] Dios nos creó a cada uno de nosotros con amor, y Jesús vino a salvar a toda la raza humana, no a un grupo o clase de personas. Echamos un vistazo a Juan 3:16 un poco antes, pero esa porción de la Biblia continúa con un versículo muy perspicaz: "Dios no envió a su Hijo al mundo para condenar al mundo, sino para salvarlo por medio de él".[12]

Jesús vino para que todo aquel que en él crea, no perezca, sino que tenga vida eterna. Dios envió a su Hijo para salvar al mundo. Pablo ilustra aún más esto cuando escribe que vivir vidas pacíficas, piadosas y santas "es bueno y agradable a Dios nuestro Salvador, pues él quiere que todos sean salvos y lleguen a conocer la verdad. Porque hay un solo Dios y un solo mediador entre Dios y los hombres, Jesucristo hombre, quien dio su vida como rescate por todos".[13] Aunque parezca paradójico, el "camino estrecho" está abierto de par en par al mundo entero. El evangelio no es un mandato restrictivo sino una simple invitación de Jesús a todos los interesados.

Las Consecuencias del Pecado

Todo eso suena maravilloso, pero lo que es mucho más difícil de enfrentar es la idea de que si no aceptas esta invitación, serás enviado a un lugar de castigo eterno, al infierno. Esta implicación del concepto de que "Jesús es el único camino" es quizás el aspecto más desafiante del cristianismo. Aunque es incómodo y raro hablar de él, el infierno es una parte de la teología que no se puede ignorar cuando se trata de analizar con honestidad el cristianismo. Como mencionamos en el último capítulo, según la teología cristiana, la humanidad se volvió contra Dios a través del pecado. El pecado ocurre cuando nuestros pensamientos, actitudes o acciones son egoístas o autoindulgentes, en detrimento de los demás, o de nuestra relación con Dios.

Piensa en tu propia vida. Nos conocemos a

nosotros mismos; conocemos la oscuridad en nuestros corazones. Esta puede ser la parte del cristianismo con mayor evidencia empírica. Lamentablemente verificamos la existencia del pecado todos los días, a veces de manera terrible, a veces de manera muy ordinaria. La mayoría de las personas se esfuerzan por vivir una buena vida, independientemente de si creen en Dios. Sin embargo, nuestros mejores esfuerzos a menudo quedan muy por debajo de nuestras propias expectativas.

Recientemente estaba en la tienda con prisa. Busqué la línea más corta y pensé que había elegido sabiamente hasta que la familia, justo antes de mí, llegó al frente. La mujer sacó una pila de cupones que el cajero escaneó meticulosamente (es decir, *lentamente*) antes de deslizarlos, cada uno, en una caja fuerte cerrada. Perdí toda la paciencia tanto con la familia, como con el cajero. Pero entonces oí hablar a la familia. Estaban contando centavos, sin llegar a fin de mes. La vergüenza se apoderó de mí. Había juzgado a esa familia, había puesto mi interés personal por encima de la paciencia y la gracia, y me había permitido enojarme con un cajero que solo intentaba hacer su trabajo. Me había equivocado. Estoy seguro de que has tenido experiencias similares.

Esperamos que Dios califique en una curva, porque no somos perfectos, pero somos bastante buenos. Pero hay una forma interesante de enmarcar este problema. Veamos lo que escribe el Dr. Louis Markos:

> Una de las razones por las que el infierno es un concepto tan difícil es que muchos de nosotros (incluido yo mismo) tendemos a pensar en el cielo y el infierno por medio de una analogía falsa. La vida, pensamos, es como la universidad. Si sacamos una A en la vida, vamos al cielo; si sacamos una F, nos vamos al infierno. Para la mente moderna, tal escenario parece injusto, una violación de nuestra firme creencia de que todos los hombres son creados iguales. Pero, ¿y si hay dos colegios: un colegio del cielo y un colegio del infierno? . . . ¿Y si Dios, por amor a nosotros y a nuestra libertad, nos deja elegir en qué universidad nos matriculamos?[14]

En su libro *El Problema del Dolor,* el teólogo C.S. Lewis analiza la parábola de Jesús sobre las ovejas y las cabras. En esta enseñanza, las ovejas (que representan a las personas compasivas) van al cielo, mientras que las cabras (que simbolizan a los que no mostraron compasión por los demás) son desterrados a lo que Jesús llama "el fuego eterno preparado para el diablo y sus ángeles".[15] Lewis señala que en esta parábola, "los salvos van a un lugar preparado para *ellos,* mientras que los condenados van a un lugar nunca hecho para los hombres".[16] Hay una implicación monumental en estas palabras de Jesús: Dios no creó al hombre para el infierno ni el infierno para el hombre. Los seres humanos no estaban destinados al infierno, ni el infierno para los seres humanos. Pero aquí radica el problema. El Dr. Markos sigue:

> Cuando continuamente nos elegimos a nosotros mismos y nuestros deseos sobre el que nos creó y lo que él quiere para nosotros, nos *deshumanizamos*, separándonos de nuestro creador y el propósito diseñado. Mediante un proceso que es tanto teológico como psicológico, entregamos la parte de nosotros mismos que nos hace humanos.
> Lewis ilustra este punto con mayor eficacia en El gran divorcio... [en el que] lleva a sus lectores en un peculiar viaje en autobús, del infierno al cielo, durante el cual las almas salvadas intentan convencer a los condenados, incluso ahora, de abandonar sus pecados y abrazar el amor y la misericordia de Dios.
> En un momento, Lewis se enfoca en el alma maldita de una mujer parlanchina y quejumbrosa que no cesa su cantaleta de lástima lo suficiente para escuchar al santo enviado para ayudarla. Para Lewis, ella no parece una mujer "malvada", solo una gruñona. Pero ese, le dice su guía, es todo el punto: ¿Es ella una "quejumbrosa, o solo una refunfuñona?"[17]
> Es decir, ¿sigue siendo una persona o se ha

convertido sólo en la esencia de su pecado? ¿Se ha deshumanizado por completo? Si queda un solo rescoldo de humanidad dentro de ella, el amor de Dios puede alimentar la llama hasta que vuelva a arder, pero si todo lo que queda son cenizas, nada se puede hacer.[18]

Para que se haga justicia los errores deben ser tratados como lo que son: errores. Pero decimos, no soy un asesino; mis errores no son esos... bueno, muy mal. Hay una diferencia entre frustrarse con un cajero y robar la tienda de comestibles. ¿Cierto? Bueno, sí y no. No todos los pecados son igualmente atroces, ni traen las mismas consecuencias. Varios autores bíblicos describen algunos pecados como peores que otros o que merecen una respuesta más severa.[19] Hay varios aspectos que pueden hacer que un pecado sea más grave que otro, incluida la intencionalidad, el conocimiento de los mandamientos de Dios, la persistencia y la cantidad de personas afectadas.[20]

Pero la Biblia también es clara en que todos los pecados son iguales en el sentido de que nos aíslan de Dios, dañando nuestra relación.[21] De esta manera, todo pecado, independientemente de su gravedad, debe ser evitado. Jesús dijo:

> Ustedes han oído que se dijo a sus antepasados: "No mates, y todo el que mate quedará sujeto al juicio del tribunal". Pero yo les digo que todo el

¿Es el Cristianismo Demasiado Estrecho?

que se enoje con su hermano quedará sujeto al juicio del tribunal. Es más, cualquiera que insulte a su hermano quedará sujeto al juicio del Consejo. Y cualquiera que lo maldiga quedará sujeto al fuego del infierno. Por lo tanto, si estás presentando tu ofrenda en el altar y allí recuerdas que tu hermano tiene algo contra ti, deja tu ofrenda allí delante del altar. Ve primero y reconcíliate con tu hermano; luego vuelve y presenta tu ofrenda... Ustedes han oído que se dijo: "No cometas adulterio". Pero yo les digo que cualquiera que mira a una mujer y la codicia ya ha cometido adulterio con ella en el corazón.[22]

¿Parece un poco radical? Eso es porque lo es. Si bien los pecados difieren en su ofensa, el pecado de cualquier tipo nos separa de Dios y de quienes estamos destinados a ser. Jesús dijo e hizo muchas cosas poco convencionales, incluida la afirmación de que la justicia y el amor importan más que los rituales y la tradición. Sacudió por completo las normas religiosas, sociales y culturales. Los cristianos creen que enseñó estas ideas frescas en un intento de ayudarnos a comprender mejor el carácter y el mensaje de esperanza de Dios.

La Exclusividad de la Verdad

Ahora volvamos a esa ilustración de Dios sentado en la cima de una montaña, con muchos caminos para llegar a él. A pesar de la calidad pintoresca de esta teoría, hay algunas fallas fundamentales. Si bien existen algunos puntos en común en prácticamente todas las religiones, varias tienen poco en común. Si dos filosofías tienen afirmaciones completamente diferentes sobre el mismo tema, ¿pueden ambas tener razón? Tomemos la piedra angular de la religión: el concepto de lo divino. En otras palabras, ¿qué hay en la cima de la montaña? Para los hindúes, hay muchos dioses; para algunos budistas, no hay dios en absoluto. Para los musulmanes, solo hay un Dios; para los cristianos, hay un Dios en forma trina: Padre, Hijo y Espíritu. Estos cuatro puntos de vista, una pequeña muestra de las religiones y filosofías del mundo, dicen algo significativamente diferente. Decir lo contrario es un insulto a la singularidad de cada religión y sus puntos de vista.

Las leyes más básicas de la lógica enseñan que dos declaraciones contradictorias no pueden ser verdaderas. *A y no-A* no pueden ser ambas verdaderas, de la misma manera, al mismo tiempo. Empleando esta lógica, todas las afirmaciones hechas por estas religiones podrían ser falsas, pero solo una podría ser verdadera. En muchos sentidos, lejos de ser caminos en la misma montaña tratando de llegar al mismo Dios, estas religiones ni siquiera están en el mismo planeta. Cada uno de ellos tiene derechos exclusivos en cuanto a lo que es la verdad. Simplemente no es racional ver todas las religiones como caminos divergentes, pero igualmente verdaderos hacia el mismo fin; hacerlo es ignorar la realidad del sistema de creencias actual de cada religión. Es importante distinguir aquí entre preferencias y verdad. Por ejemplo, me gusta el helado de menta con chocolate. Es posible que tu prefieras fresa. No hay conflicto allí, aparte de la decisión de qué helado comprar. En última instancia, ambos estamos comiendo helado; decir que estamos comiendo brócoli sería falso. La verdad siempre es intolerante con el error. Uno más uno siempre es igual a dos. Podrías llamarlo intolerante o estrecho, pero es la naturaleza de la verdad. Nos gusta que nuestros médicos y nuestros pilotos operen dentro de una verdad estrecha; queremos que operen la rodilla correcta y aterricen el avión en la pista correcta. Queremos que aquellos que crean nuevos medicamentos, vehículos y aparatos sean apropiadamente intolerantes al error. En tantas áreas de la vida vemos correctamente la intolerancia, la exclusividad y la estrechez como cualidades buenas y necesarias.

Los Límites de la Sinceridad

Pero, ¿qué sucede cuando un cristiano y un musulmán, por ejemplo, se sienten igualmente convencidos de que su religión enseña la única verdad correcta? Mientras que la sinceridad de la creencia conlleva poder emocional, la sinceridad simplemente no tiene una conexión lógica con la verdad. Hace años, un jugador de fútbol americano, Jim Marshall de los Vikingos de Minnesota (Minnesota Vikings), tomó la pelota y corrió con todo su corazón. Esquivó bloqueos de parte del otro equipo por todo el campo y cruzó la línea de gol para un touchdown. Pero había corrido por el camino equivocado. En su celebración, pensando que tenía razón, tiró el balón y finalmente anotó para el otro equipo. Fue muy sincero en sus esfuerzos, pero estaba sinceramente equivocado. El otro equipo consiguió los puntos.

No importa cuán sinceramente abracemos nuestras creencias, nuestra sinceridad no puede cambiar la realidad; nunca lo hace. Creer que algo es verdad no significa que lo sea, porque la verdad es independiente de nuestras creencias al respecto. La mayoría de nosotros podemos identificarnos con pensar que tenemos razón en algo solo para darnos cuenta más tarde de que estábamos equivocados. Esto me pasa todo el tiempo. Creo que envié un correo electrónico, pero cuando reviso, lo veo en mi carpeta de borradores porque olvidé presionar enviar. Pensé que estaba conduciendo en la dirección correcta, pero una verificación rápida del GPS revela que voy en la dirección equivocada. Es vergonzoso, pero poco importante.

Puede que seas muy sincero en tus creencias religiosas, pero si te equivocas, estás en problemas; estás conduciendo tu vida en la dirección equivocada. Dios es

¿Es el Cristianismo Demasiado Estrecho?

quien es, independientemente de nuestras creencias sobre él. Estar equivocado acerca de Dios es serio. Importa mucho. Es por esta misma razón que los cristianos se ven obligados a contarles a otros acerca de Jesús, a quien creen que es el único camino a Dios y la vida eterna. De hecho, es por eso que los seguidores de muchas religiones se sienten responsables de convertir a otros a su fe.

Tolerancia: ¿Dónde Empieza?

Pero, ¿dónde está su tolerancia hacia otras creencias? puedes estar pensando. Por supuesto, todos tienen derecho a creer lo que quieran. Tú tienes derecho a tus propios pensamientos y creencias, así como tienes derecho a tus propios hechos y acciones. Pero eso no hace que tus creencias sean verdaderas o tus acciones buenas. Tolerancia religiosa no significa que digamos que todos tienen razón; más bien, la tolerancia significa coexistir pacíficamente con aquellos con quienes no estamos de acuerdo.

Puede que te sorprenda saber que el cristianismo enseña que la tolerancia no es suficiente. No es suficiente simplemente tolerar el sistema de creencias, las opiniones, o la existencia de otra persona. Deberíamos apuntar más alto. Jesús dice que debemos amar y hacer el bien *a los demás*, a todos, incluso a "nuestros enemigos". Para la audiencia original de Jesús, "enemigos" habría significado extraños o forasteros, es decir, aquellos de una raza o religión que no es la suya (más cercano a nuestro uso moderno de la frase "aquellos diferentes a ti"). Mientras que la tolerancia es un esfuerzo pasivo, el amor requiere acción.

Como Penn Jillette, un artista estadounidense y defensor del ateísmo, ha explicado: "¿Cuánto tienes que odiar a alguien para no hacer proselitismo? ¿Cuánto tienes que odiar a alguien para creer que la vida eterna es posible y no decirle eso?"[23] Los cristianos creen que no debemos conformarnos con la tolerancia; debemos tender la mano en amor. Imagina que descubriste la cura para el cáncer. La cura que has descubierto funciona siempre, en todas las personas, independientemente del tipo, el avance o la ubicación del cáncer. Ahora imagina que alguien rechaza el tratamiento y dice: "Espera, eso es demasiado limitado. Hay un montón de tratamientos experimentales para el cáncer. No insistas en uno solo. ¿Qué sentido tendría eso? Desde la perspectiva cristiana, Jesucristo es la cura que funciona cada vez para cada persona, el camino a Dios para todos. Por supuesto, todo esto naturalmente plantea una pregunta de seguimiento: ¿Es Jesús realmente Dios? Es comprensible que los cristianos se esfuercen por difundir el mensaje de lo que creen que es la clave de la salvación, pero ¿cómo saben que lo que dicen es verdad? ¿Cómo saben que Jesús es quien dice ser?

Notas finales para el Capituló 4

1. John Lennon y Yoko Ono, "Imagine," *Imagine*, Apple Records, 1971.
2. Christine Lee, "Irving Neighborhood Ranked America's Most Diverse," NBC DFW, 1 de enero, 2013, http://www.nbcdfw.com/news/local/Irving-Neighborhood-Ranked-Americas-Most-Diverse-185375252.html.
3. Rosemary Radford Ruether, "Feminism and Jewish-Christian Dialogue," in *The Myth of Christian Uniqueness: Toward a Pluralistic Theology of Religions*, eds. John H. Hick and Paul F. Knitter (Maryknoll, NY: Orbis, 1987), 141.
4. *Twelve Steps and Twelve Traditions* (Alcoholics Anonymous World Services, 1953), 107.
5. Ibíd., 34–35, énfasis en las suyas.
6. *La Santa Biblia*, Mateo 4:1-11.
7. *La Santa Biblia*, Juan 14:6.
8. Ibíd., Hechos 4:10, 12.
9. Ve *La Santa Biblia*, Hechos 2:1-41.
10. Ibíd., Mateo 7:13-14.
11. Según un estudio de PEW, "los cristianos también están muy extendidos geográficamente, tan lejos, de hecho, que ningún continente o región puede afirmar indiscutiblemente que es el centro del cristianismo global". A partir de 2011, el 26 % de todos los cristianos viven en Europa, el 37 % en las Américas, el 24 % en el África subsahariana y el 13 % en Asia y el Pacífico. Ve "Global Christianity – A Report on the Size and Distribution of the World's Christian Population, Pew Research Center," Pew Research Center, 19 de diciembre de 2011, http://www.pewforum. org/2011/12/19/global-christianity-exec/.
12. *La Santa Biblia*, Juan 3:17.

13. Ibíd., 1 Timoteo 2:3-6.
14. Louis Markos, PhD, "Would a Loving God Send Someone to Hell?" Explora Dios, https://www.exploregod.com/would-a-loving-god-send-someone-to-hell.
15. *La Santa Biblia*, Mateo 25:41.
16. C. S. Lewis, *The Problem of Pain* (San Francisco: HarperSanFrancisco, 2001), 127.
17. C. S. Lewis, *The Great Divorce* (San Francisco: HarperSanFrancisco, 2001), 77.
18. Markos.
19. Ve *La Santa Biblia*, Juan 19:10-11, Mateo 7:3, Mateo 23:24.
20. Ibíd., Números 15:22-30; Lucas 12:47-48
21. Ibíd., Romanos 3:23, 5:16; Santiago 2:10; 1 Juan 3:4.
22. Ibíd., Mateo 5:21-24, 27-28
23. "Penn Jillette on Sharing Your Faith (proselytizing)," Vimeo video, https:// vimeo.com/52957285, publicado originalmente en YouTube en 2009.

Capítulo 5

¿Es Jesús Realmente Dios?

"Jesús está bien conmigo. Jesús está bien, oh sí".—*"Jesús está bien", Arthur Reid Reynolds*[1]

¡Apenas puedo escribir esas letras sin tararear la melodía en mi cabeza! Espero no haberte pegado la canción. Pero ya sea que seas un aficionado a la música o no tengas idea de qué canción estoy hablando, es posible que te identifiques con el sentimiento expresado arriba. La mayoría de la gente está de acuerdo con Arthur en su canción, la cual The Byrds y The Doobie Brothers hicieron famosa. De hecho, a la mayoría de las personas *les gusta* Jesús: lo que representaba, cómo vivía su vida, cómo trataba a las personas. Casi nadie lo ve como un tipo malo, independientemente de sus antecedentes religiosos (o falta de los mismos).

Lo verdaderamente sorprendente es que muchas de las principales religiones del mundo también tienen una visión positiva de Jesús. Dentro del islam, Jesús es considerado un profeta, un mensajero de Alá y un hacedor de milagros.[2] Los musulmanes reconocen el significado de Jesús dentro de la religión monoteísta y lo tienen en alta estima. Mientras que el hinduismo incorpora un conjunto diverso de creencias sobre una variedad de tradiciones, muchos hindúes aceptan a Jesús como un *sadhu*, un hombre santo. Algunos lo entienden como la encarnación perfecta del *dharma*.[3] Algunos budistas consideran a Jesús como un *bodhisattva* que dedicó su vida al bienestar de todos los humanos.[4] De hecho el maestro zen del siglo XIV, Ga-San Jōseki, indicó que las enseñanzas de Jesús, tal como está registrado en los evangelios, fueron dichas por un hombre culto.[5] Incluso fuera de estos sistemas de creencias, comúnmente se considera que Jesús es un gran ejemplo de cómo vivir bien la vida. Sus enseñanzas contienen principios morales positivos y llevó una vida llena de amor, compasión y abnegación.

Pero luego llegas a los cristianos. Los cristianos dicen sí, Jesús fue un profeta, un hacedor de milagros, un hombre santo y un hombre iluminado, pero hay más que eso en él. Jesús no era *solo* un hombre; él era (y es) Dios encarnado.[6] Eso significa que los cristianos creen que Jesús fue completamente humano y completamente Dios. Como hombre, Jesús pasó por todo el espectro de emociones y experiencias humanas, incluyendo alegría, ira, dolor y tentación. Comió, durmió y lloró. Pero como Dios, Jesús vivió una vida libre de pecado. Los cristianos creen que Jesús venció el pecado y la muerte a través de su resurrección. Dado que soy pastor, no es raro que las personas me involucren en conversaciones espirituales. Recientemente, un conocido me envió un correo electrónico para hacer precisamente eso. En nuestro intercambio le pregunté qué pensaba de Jesús. Él respondió: "Bueno, según la Biblia él era un hombre de muchos talentos y una persona muy influyente en su tiempo. ¿Creo que es el único Hijo de Dios? Mi respuesta es un no rotundo". Ciertamente no está solo en esa línea de pensamiento. Entonces, *¿por qué* los cristianos piensan que Jesús fue más que un simple hombre? ¿Es Jesús, Dios? ¿Cómo podemos responder a esas preguntas?

El Jesús Histórico

Quizás el mejor lugar para comenzar sea el más simple: ¿Fue Jesús una persona real? Algunos dicen que Jesús nunca existió; es una leyenda, un mito, una bonita historia. Todo ficción, ningún hecho. Sin embargo, la mayoría de los historiadores capacitados rechazan categóricamente esa afirmación basándose en la evidencia disponible. Aunque muchos suponen que Jesús se menciona solo en las páginas de la Biblia, su existencia en realidad está respaldada por múltiples fuentes externas.

El historiador y senador romano, Tácito, se refirió a Jesús, su ejecución por Poncio Pilato y la existencia de los primeros cristianos en Roma, en sus escritos del año 116 EC.[7] Plinio el Joven, gobernador romano de Bitinia en Asia Menor, escribió una carta al emperador Trajano, alrededor del año 112 EC, pidiendo consejo sobre cómo manejar los procedimientos legales contra los acusados de ser cristianos. En su carta Plinio escribe que los cristianos tenían "la costumbre de reunirse un día fijo antes de salir el sol y cantar a coros sucesivos un himno a CRISTO como a un dios, y en comprometerse bajo juramento no ya a perpetuar cualquier delito, sino a no cometer hurtos, fechorías o adulterios, a no faltar a nada prometido, ni a negarse a hacer un préstamo del depósito".[8]

La evidencia histórica apoya abrumadoramente la realidad de la vida de Jesús, su muerte en la cruz, y los primeros devotos que eventualmente se hicieron conocidos como cristianos. Como dice el ilustrado, Craig Blomberg, "los eruditos bíblicos y los historiadores que han investigado el tema en detalle, son prácticamente unánimes hoy en día al rechazar este punto de vista [que Jesús nunca existió], independientemente de sus perspectivas teológicas o ideológicas".[9]

¿Cómo fue Llamado Jesús?

Podemos obtener una idea de quién era Jesús a partir de los nombres y títulos que sus contemporáneos usaron para describirlo. Unos siglos antes del nacimiento de Jesús, la Biblia hebrea (conocida por los cristianos como el Antiguo Testamento) fue traducida al griego. Esta famosa versión griega se llama la Septuaginta, y la gente de la época de Jesús estaba familiarizada con ella. Al leer textos hebreos en voz alta, era una práctica judía sustituir la palabra *Adonai*, que significa "señor", por la palabra Yahvé, el nombre de Dios, porque el nombre de Dios se consideraba demasiado sagrado para pronunciarlo. En la Septuaginta el término griego *kyrios* se usa para traducir *Adonai*. Para los judíos del primer siglo aplicar el título *Adonai* a alguien que no fuera Dios, era impensable: era una blasfemia. Y, sin embargo, *kyrios* se usa varias veces en el Nuevo Testamento para referirse a Jesús. Los eruditos se esfuerzan por explicar cómo fue posible que los judíos del primer siglo llamaran repentinamente a un carpintero de Nazaret, "Señor", equiparándolo con el único Dios verdadero.

Del mismo modo la palabra griega *theos* que traduce "Dios", generalmente se reserva para Dios Padre. Pero a pesar de esto, siete pasajes se refieren explícitamente a Jesús usando la palabra *theos*.[10] Jesús fue llamado el Rey de reyes y Señor de señores,[11] nuestro gran Dios,[12] y nuestro Señor y Salvador.[13] Quienes lo siguieron creyeron que Jesús era el cumplimiento de la profecía de Isaías que hablaba de un niño al que "se le darán estos nombres: Consejero admirable, Dios fuerte,

Padre eterno, Príncipe de paz".[14] Pablo, quien había sido un ferviente perseguidor de los cristianos escribió sobre Jesús: "Por eso Dios lo exaltó hasta lo sumo y le otorgó el nombre que está sobre todo nombre, para que ante el nombre de Jesús se doble toda rodilla en el cielo y en la tierra y debajo de la tierra, y toda lengua confiese que Jesucristo es el Señor, para gloria de Dios Padre".[15] Estas palabras, provenientes de un hombre formado en el pensamiento judío, son verdaderamente impactantes. El peso de estos títulos no se puede descartar fácilmente.

¿Qué dijo Jesús Acerca de Sí Mismo?

Al considerar la posibilidad de la divinidad de Jesús es importante reflexionar en lo que él afirmó sobre sí mismo. En resumen, *¿Jesús* pensó que él era Dios? Si ni siquiera él lo aceptaba, entonces ciertamente podemos descartar la idea. Una de las primeras formas en que llegamos a conocer a alguien es haciéndole preguntas y escuchando lo que dice sobre sí mismo. Descubrir quién es Jesús no necesita ser tan diferente. Los escritores del Nuevo Testamento hicieron que fuera bastante fácil descubrir lo que Jesús tenía que decir sobre sí mismo, y dijo mucho.

Como se registra en el libro de Lucas, Jesús finalizó su ministerio con la afirmación de que él era el Mesías de quien los profetas del Antiguo Testamento habían profetizado.[16] Afirmó varias veces que fue

¿Es Jesús Realmente Dios?

enviado a la tierra por Dios, a quien llamó "Padre".[17] Se comparó a sí mismo con Dios declarando: "El Padre y yo somos uno".[18] Quizás lo más impactante de todo para su audiencia judía original es que Jesús se refirió a sí mismo con el nombre personal de Dios, "YO SOY".[19] Usó la fraseología de "Yo soy" no solo para conectarse con Dios, sino también para hacer algunas otras identificaciones. Jesús dijo:

- "Yo soy el pan de vida".[20]
- "Yo soy la luz del mundo".[21]
- "Yo soy la puerta de las ovejas".[22]
- "Yo soy el buen pastor".[23]
- "Yo soy la vid verdadera".[24]
- "Yo soy la resurrección y la vida".[25]

Jesús resume todo esto en un solo versículo: "Yo soy el camino, la verdad y la vida".[26] Cada "Yo soy" hace eco de imágenes y eventos en el Antiguo Testamento que prefiguran al Mesías profetizado, lo cual habría sido reconocido por la audiencia original de Jesús. El mensaje que Jesús está tratando de transmitir es claro: "¡Aquí estoy! ¡Soy el que has estado esperando, el que predijeron las profecías!

Pero si todo esto no fuera suficiente para nosotros, también podemos ver la clara afirmación de Jesús sobre su divinidad en tres específicas escenas seleccionadas entre muchas en la Biblia. En este primero

Jesús está en Jerusalén, enseñando y predicando sobre el reino de Dios. Los líderes religiosos judíos lo desafían en muchos frentes y la disputa se aviva.

¡Ahora estamos convencidos de que estás endemoniado!, exclamaron los judíos. Abraham murió y también los profetas, pero tú sales diciendo que si alguno guarda tu palabra nunca morirá. ¿Acaso eres tú mayor que nuestro padre Abraham? Él murió, y también murieron los profetas. ¿Quién te crees tú? Si yo me glorifico a mí mismo, les respondió Jesús, mi gloria no significa nada. Pero quien me glorifica es mi Padre, el que ustedes dicen que es su Dios, aunque no lo conocen. Yo, en cambio, sí lo conozco. Si dijera que no lo conozco, sería tan mentiroso como ustedes; pero lo conozco y cumplo su palabra. Abraham, el padre de ustedes, se regocijó al pensar que vería mi día; y lo vio y se alegró. Ni a los cincuenta años llegas, le dijeron los judíos, ¿y has visto a Abraham? Ciertamente les aseguro que antes de que Abraham naciera, ¡yo soy! Entonces los judíos tomaron piedras para arrojárselas, pero Jesús se escondió y salió inadvertido del templo.[27]

¿Parece una reacción bastante extrema? Las afirmaciones de Jesús enfurecieron tanto a los líderes judíos que su respuesta a sus palabras fue lastimarlo físicamente. ¿Por qué? Porque entendieron completamente que Jesús estaba afirmando abiertamente ser Dios, el único YO SOY. Fue incómodo; fue radical; fue impensable.

En nuestra segunda escena, Jesús acaba de sanar a un paralítico en sábado. Cuando los líderes judíos lo retan por "trabajar" en un día santo de descanso, Jesús dice:

> "Mi Padre aún hoy está trabajando, y yo también trabajo. Así que los judíos redoblaban sus esfuerzos para matarlo, pues no solo quebrantaba el sábado, sino que incluso llamaba a Dios su propio Padre, con lo que él mismo se hacía igual a Dios. Entonces Jesús afirmó: Ciertamente les aseguro que el Hijo no puede hacer nada por su propia cuenta, sino solamente lo que ve que su Padre hace, porque cualquier cosa que hace el Padre, la hace también el Hijo. Pues el Padre ama al Hijo y le muestra todo lo que hace. Sí, y aun cosas más grandes que estas le mostrará, que los dejará a ustedes asombrados. Porque, así como el Padre resucita a los muertos y les da vida, así también el Hijo da vida a quienes a él le place.[28]

Una vez más, los líderes religiosos quieren matar a Jesús. Está violando la ley judía al quebrantar el sábado. Está blasfemando al afirmar ser igual a Dios y llamarse a sí mismo Hijo de Dios. Y luego dice que tiene la capacidad de hacer todo lo que Dios Padre puede hacer, incluso dar vida. ¿Quién *es* este hombre? Están confundidos e indignados por lo que dice; parece decidido a violar y socavar su forma de vida.

En nuestro último ejemplo, encontramos a Jesús en juicio ante el sumo sacerdote judío. Se nos dice que los principales sacerdotes estaban buscando pruebas para dar muerte a Jesús y que muchos testificaron falsamente contra Él.

> Poniéndose de pie en el medio, el sumo sacerdote interrogó a Jesús: ¿No tienes nada que contestar? ¿Qué significan estas denuncias en tu contra? Pero Jesús se quedó callado y no contestó nada. ¿Eres el Cristo, el Hijo del Bendito? le preguntó de nuevo el sumo sacerdote. Sí, yo soy, dijo Jesús. Y ustedes verán al Hijo del hombre sentado a la derecha del Todopoderoso y viniendo en las nubes del cielo. ¿Para qué necesitamos más testigos?, dijo el sumo sacerdote rasgándose las vestiduras. ¡Ustedes han oído la blasfemia! ¿Qué les parece? Todos ellos lo condenaron como digno de muerte.[29]

No hay duda. Jesús afirmó ser Dios.

¿Qué Hizo Jesús?

Pero aquí hay algo aún más loco: Jesús también

¿Es Jesús Realmente Dios?

se *comportó* como si fuera Dios. Él no solo habló por hablar. También hizo lo que dijo que iba hacer.[30] La siguiente historia es un ejemplo perfecto. Cuando Jesús estaba en Cafarnaúm, cuatro hombres llevaron a su amigo paralítico a verlo con la esperanza de que lo sanara. Pero cuando llegaron a la casa donde Jesús estaba predicando, la multitud era tan grande que los hombres no pudieron comunicarse con Él. Usando su creatividad, se subieron a la parte superior de la casa y cavaron un hoyo en el techo bajando a su amigo hasta Jesús. "Al ver Jesús la fe de ellos, le dijo al paralítico: Hijo, tus pecados quedan perdonados".[31]

¿Te imaginas lo que deben haber pensado? No es necesario, porque Marcos registra los pensamientos de los líderes religiosos que escucharon a Jesús: "¿Por qué habla éste así? ¡Está blasfemando! ¿Quién puede perdonar pecados sino solo Dios?"[32] Y ese es exactamente el punto de Jesús. La historia continúa:

> ¿Por qué razonan así? [Jesús] les dijo. ¿Qué es más fácil decirle al paralítico: "Tus pecados son perdonados", o decirle: "Levántate, toma tu camilla y anda"? Pues para que sepan que el Hijo del hombre tiene autoridad en la tierra para perdonar pecados —se dirigió entonces al paralítico: A ti te digo levántate, toma tu camilla y vete a tu casa. Él se levantó, tomó su camilla en seguida y salió caminando a la vista de todos. Ellos se quedaron asombrados y comenzaron a

alabar a Dios. Jamás habíamos visto cosa igual, decían".

El evangelio de Juan registra a Jesús diciendo: "Cualquier cosa que ustedes pidan en mi nombre, yo la haré; así será glorificado el Padre en el Hijo. Lo que pidan en mi nombre, yo lo haré".[33] Eh, ¿*qué*? ¿Jesús está diciendo que podemos orar *a él*? La oración está reservada para Dios, al igual que la adoración. Sin embargo, varias veces en los evangelios vemos personas adorando a Jesús.[34] ¡Y él lo acepta! Aunque Jesús dice en Lucas 4:8: "Adora al Señor tu Dios y sírvele solamente a él".

¿Cómo conciliar los dos? ¿Cómo crees que *Jesús* reconcilió los dos? Si Jesús creía que solo Dios era digno de nuestra alabanza y aceptó también la adoración de los demás hacia él, Jesús debe haber creído que los dos, Dios el Padre y Jesús el Hijo, eran uno y el mismo.[35] Y que extraordinario que las personas que también conocían estas enseñanzas alabaron y adoraron a Jesús, un humilde carpintero, incluso después de su muerte. Los autores Robert M. Bowman Jr. y J. Ed Komoszewski lo expresaron de esta manera:

> Fue en este contexto de devoción religiosa exclusiva a un Dios, el Señor, que los primeros seguidores judíos de Jesús expresaron el mismo tipo de fervor. Lo adoraron, le cantaron himnos,

le rezaron y lo reverenciaron de una manera que los creyentes en el judaísmo insistieron que estaba reservada solo para el Señor. Y lo que es peor, los cristianos acordaron que tales honores se otorgaban solo a Dios, ¡y luego procedieron a dárselos a Jesús de todos modos![36]

Es decir, continuaron creyendo que solo Dios era digno de tal honor. Pero también creían que Jesús era digno... porque Jesús y Dios eran uno y lo mismo. (Es natural preguntarse aquí si los cristianos creen en más de un Dios. Los cristianos creen que hay un solo Dios, pero que existe en tres personas: Padre, Hijo y Espíritu Santo. Juntos forman la Trinidad.[37] (Te prometo que en el capítulo 7 profundizaré más el concepto).

¿Cómo podría ser esto? ¿Qué fue tan persuasivo? ¿Qué los convenció de que Jesús era Dios? Lo adivinaste. La resurrección.

¿Ocurrió la Resurrección?

La totalidad del cristianismo gira en torno a la resurrección. Incluso la Biblia lo dice: "Si Cristo no ha resucitado, nuestra predicación no sirve para nada, como tampoco la fe de ustedes".[38] Algo bastante pesado. Esencialmente, si la resurrección es una mentira, también lo es el resto del cristianismo. ¿Así que? ¿Sucedió? ¿Jesús realmente resucitó? Bueno, simplemente la resurrección es humanamente imposible. La muerte es definitiva ¿verdad? Es comprensible dudar o incluso rechazar por completo la afirmación de que Jesús murió y luego resucitó, tres días después, de entre los muertos. Jesús mismo predijo su muerte y resurrección varias veces. Pero eso no nos lleva demasiado lejos para determinar si realmente sucedió.

El teólogo William Lane Craig cita los siguientes cuatro hechos históricos como indicadores de la veracidad de la historia de la resurrección. Argumenta que, si bien varias teorías pueden explicar cada uno de estos hechos individualmente, la única explicación que abarca los cuatro componentes es que Jesús resucitó de entre los muertos.[39]

1. La sepultura de Jesús.
2. La tumba vacía.
3. El hecho de que varias personas, a menudo en grupos, afirmaron que Jesús se les apareció después de su muerte.
4. El origen de la creencia de los seguidores en su resurrección.[40]

Repasemos lo que sucedió hace tantos años. Jesús murió públicamente crucificado por verdugos profesionales. Su cuerpo fue puesto en un sepulcro que fue sellado con una gran piedra como era costumbre en la época. Tres días después, la tumba estaba vacía. Casi nadie lo discute. De hecho, incluso los guardias romanos que debían vigilar la tumba corroboraron esto al afirmar que los discípulos habían robado el cuerpo.[41] Luego, más de quinientas personas afirmaron haber visto a Jesús con vida, no solo en sucesos aislados, sino a menudo en grupos.[42] Todo lo que alguien tenía que hacer para poner fin a estas afirmaciones y demostrar que estas personas estaban equivocadas, era producir el cuerpo de Jesús. Pero nadie lo hizo.

Incluso una lectura casual de los evangelios revela que los discípulos no esperaban que la resurrección tuviera lugar. Después de la muerte de Jesús no vieron sino derrota en la cruz. Estaban confundidos, asustados y tristes. Incluso al principio *ellos* no creyeron la noticia de la tumba vacía; tenían que estar convencidos. Pero, convencidos estaban. Por el resto de sus vidas sostuvieron que Jesús se les había aparecido después de su muerte, en carne, y con las heridas de la crucifixión. Y no se detuvieron allí. Dijeron que no solo vieron a Jesús. Hablaron con él, tocaron sus cicatrices, caminaron con él y comieron con él. La historia nos dice que poco después de esto, la gente comenzó a morir por su fe en Jesús, por su insistencia en la verdad de la resurrección.

Una hipótesis que intenta explicar la tumba vacía, afirma que la resurrección fue un engaño perpetrado por los primeros cristianos. Esta teoría postula que los seguidores de Jesús robaron y escondieron su cuerpo para que pareciera que Jesús era el Mesías y que había resucitado de entre los muertos. Por eso la tumba vacía. El punto de Craig aquí, es que las personas no mueren voluntariamente por algo que saben que es solo una mentira. Estos primeros mártires cristianos murieron por su ferviente creencia en la verdad de la resurrección de Jesús y por su experiencia personal con ella. Incluso si no crees que Jesús resucitó, no puedes negar que sus seguidores estaban convencidos de que lo hizo. Estaban lo suficientemente seguros de que estaban dispuestos a enfrentar la muerte en lugar de renunciar a su fe. Eso es difícil de ignorar.

Mentiroso, Lunático, Señor

Jesús asumió nombres divinos y afirmó su igualdad con Dios; pretendía sanar a los enfermos y perdonar los pecados. Aceptó la adoración y dijo que podíamos orarle a él. Ninguna otra figura religiosa importante hizo el tipo de afirmaciones sobre sí mismo, como Jesús lo hizo. Mahoma tenía claro que él era solo un hombre; y dirigía a la gente a Alá.[43] Buda nunca pretendió ser la salvación en sí mismo; señaló a la gente al Noble Camino Óctuple.[44] Los profetas judíos afirmaban ser solo mensajeros de Dios, nunca Dios mismo.

Ciertamente no hay nada, ni en las palabras ni en las acciones de Jesús, que indique que estaba bromeando. Eso nos deja con tres opciones: 1) Jesús estaba mintiendo. Él no es Dios. 2) Jesús estaba delirando. Él no es Dios, pero pensó que lo era. 3) Jesús estaba diciendo la verdad. Él es Dios. Es posible que hayas escuchado que esto se llama el "trilema del mentiroso, el lunático o el señor". Aunque él no originó el argumento, vale la pena repetir el resumen del teólogo C. S. Lewis. Así es como lo expresó:

> Un hombre que fuera simplemente un hombre y dijera el tipo de cosas que dijo Jesús no sería un gran maestro moral. Preferiría ser un lunático al nivel del hombre que dice que es un huevo escalfado, o sería el Diablo del Infierno. Debes hacer tu elección. O este hombre era, y es, el Hijo de Dios: o un loco o algo peor.[45]

Aunque, por supuesto, no podemos probar el estado mental de Jesús, sí sabemos que pronunció algunas de las declaraciones más profundas jamás registradas, sabiduría que ha pasado la prueba del tiempo durante milenios y por lo que parece improbable que Jesús fuera un "loco". ¿Entonces era un mentiroso? El filósofo Peter Kreeft, reflexiona: "¿Por qué miles sufrieron tortura y muerte por esta mentira si sabían que era una mentira? ¿Qué fuerza envió a los cristianos al foso de los leones con himnos en los labios? ¿Qué mentira transformó el mundo de esa manera?"[46] Es decir, si los seguidores de Jesús supieran que la resurrección fue una mentira, ¿estarían dispuestos a soportar la persecución, el ridículo, la tortura, e incluso a perpetuar una farsa? Caminaron por la vida con Jesús, lo escucharon enseñar y predicar, y lo vieron morir en la cruz. Para dar sus vidas voluntariamente para difundir el evangelio de Jesús, deben haber estado verdaderamente convencidos de que a) Jesús resucitó de entre los muertos y, por lo tanto, b) Jesús era el Mesías profetizado, el ungido, su salvador.

¿Qué Creían Sus Seguidores?

Entonces, ¿qué exactamente creían los primeros cristianos? Gracias a las historias y cartas registradas en la Biblia podemos ver las creencias de algunos de los primeros seguidores de Jesús. Echemos un vistazo rápido a tres declaraciones separadas hechas por tres personas diferentes, todas escritas en el primer siglo, después de la muerte de Jesús. Cada autor hace una fuerte afirmación de que Jesús es Dios en el primer capítulo de sus libros.

Juan: el Escritor del Evangelio

Juan fue uno de los doce apóstoles originales, y fue particularmente cercano a Jesús, parte de un núcleo interno que incluía a Santiago y a Pedro.[47] Juan comió con Jesús, viajó con él y trabajó junto a él. Juan comienza su narración de la vida de Jesús con una descripción de Jesús (referido como "el Verbo") que refleja la apertura del libro de Génesis: "En el principio ya existía el Verbo, y el Verbo estaba con Dios, y el Verbo era Dios. Él estaba con Dios en el principio. Por medio de él todas las cosas fueron creadas; sin él, nada de lo creado llegó a existir. En él estaba la vida, y la vida era la luz de la humanidad".[48]

Vuelve a mirar esa primera oración. "Y el Verbo era Dios". Bingo. Juan lo creyó lo suficiente como para escribirlo y compartirlo con otros para que pudieran aprender quién es Jesús. Juan está diciendo que Jesús ha existido desde el principio de los tiempos. Él estaba allí cuando se hizo el mundo y, de hecho, dio vida a la humanidad. Atrevidas afirmaciones. No sé ustedes, pero eso no es algo que escribiría sobre ninguno de mis amigos.

Pablo: el Perseguidor Convertido

Pablo era un hombre muy educado, creció como fariseo en "la estricta manera de la ley".[49] Los fariseos eran un antiguo grupo judío que se distinguía por su énfasis en la suprema importancia de la Ley Hebrea. Pablo fue especialmente celoso en su esfuerzo por adherirse al código farisaico. Tal era su devoción por su entrenamiento que, en los primeros días del cristianismo, Pablo (también llamado Saulo) trató activamente de acabar con el movimiento. Se nos dice que aprobó la ejecución de Esteban, el primer mártir cristiano, e intentó destruir la naciente iglesia cristiana entrando en los hogares y encarcelando a los que creían en Jesús (¡ni siquiera se les llamaba cristianos todavía!).⁵⁰ De hecho, Pablo era tan antagónico con los seguidores de lo que entonces se llamaba "el Camino", que acudió al sumo sacerdote y "respirando amenazas y muerte contra los discípulos del Señor", pidió permiso para viajar a la sinagoga de Damasco en busca de más creyentes para encarcelar en Jerusalén.⁵¹ Pero sucedió algo gracioso en el camino a Damasco. Pablo escuchó la voz de Jesús hablando desde el cielo, y su vida cambió para siempre.⁵² Como resultado de su experiencia, se bautizó y comenzó a predicar las buenas nuevas de Jesús en la misma sinagoga donde esperaba erradicar el evangelio.

Pablo pasó el resto de sus años viajando para compartir la historia de la vida, muerte y resurrección de Jesús. Escribió varias cartas alentando a las iglesias florecientes en toda la región. Echemos un vistazo a una sección de una sola, una carta escrita a la iglesia en el pueblo de Colosas:

> El Hijo es la imagen del Dios invisible, el primogénito de toda la creación. Porque en él fueron creadas todas las cosas: cosas en el cielo y en la tierra, visibles e invisibles, ya sean tronos o poderes o principados o autoridades; todas las cosas han sido creadas a través de él y para él. Él es antes de todas las cosas, y en él todas las cosas

subsisten. Y él es la cabeza del cuerpo, la iglesia; él es el principio y el primogénito de entre los muertos, para que en todo tenga la supremacía. Porque agradó a Dios que habitara en él toda su plenitud, y por medio de él reconciliar consigo todas las cosas, tanto las que están en la tierra como las que están en los cielos, haciendo la paz por medio de su sangre, derramada en la cruz.[53]

¿Suena familiar? Aunque está escrito con las propias palabras de Pablo, el sentimiento hace eco del mensaje de Juan. Pablo dice que Jesús es la imagen de Dios y reina tanto en la creación como en la redención; de hecho tiene supremacía sobre "todo". Una vez más vemos afirmaciones audaces, hechas especialmente por los antecedentes y la educación de Pablo. Es a través de Jesús, dice Pablo, que Dios, la humanidad y la tierra serán reconciliados. Claramente Pablo creía que Jesús era más que un simple hombre.

Desconocido: el Autor del Libro de Hebreos

Eruditos debaten la autoría del libro de Hebreos; hasta el momento no hay consenso. Pero, aunque su identidad no está clara, la perspectiva del autor sobre Jesús es inconfundible, y se hace eco de la de Pablo y Juan. El autor lo resume todo en una frase: "El Hijo es el resplandor de la gloria de Dios, la fiel imagen de lo que él es, y el que sostiene todas las cosas con su poderosa palabra".[54] Wow. Otra declaración que refleja la innegable creencia en la naturaleza sobrenatural de Jesús, una profunda confianza en que Jesús es la clave para la creación y el sostenimiento de este mundo.

Donde la Cabeza se Encuentra con el Corazón

Hasta este punto hemos estado mirando la pregunta del capítulo desde el lado intelectual. Hemos estado usando nuestras cabezas para tratar de ver si la divinidad de Jesús es posible, probable o definitiva. Pero seríamos negligentes si no nos tomáramos un momento para mirar el corazón: los testimonios de las experiencias personales de las personas con Jesús. Llegamos a este punto en el capítulo 2 pero es igual de pertinente aquí.

Sabemos que no se puede probar si una experiencia personal es verdadera o falsa, pero, ¿eso realmente niega su valor? Escuchamos cómo las experiencias de las personas informan sus perspectivas y creencias sobre una serie de cosas en la vida; desde reseñas de restaurantes y productos, hasta testimonios sobre la habilidad de un médico o la eficacia de una dieta. Escuchamos historias de vidas cambiadas para mejorar y aplaudimos. Hay poder en compartir nuestras experiencias con los demás, porque hay una verdad en ellas que se aplica no solo a nosotros sino también a los demás, incluso a toda la humanidad. Para los cristianos sus testimonios son exactamente eso: historias de mentes, corazones y vidas cambiadas con una verdad central que se sienten obligados a compartir con los demás. Hay innumerables historias hermosas de experiencias personales de creyentes con Jesucristo. Millones han sentido la presencia muy real de Jesús en sus vidas de diferentes e innumerables maneras: escucharon una voz tranquila, tuvieron un sueño vívido, o sintieron una convicción en el corazón. Tal vez la idea de que alguna de esas cosas te suceda te hace sentir incómodo. Está bien. Tal vez todo eso suene raro y pienses que esas personas han perdido el control de la realidad. Eso está bien también. Pero no cambia mucho. No importa cómo nos sintamos acerca de las experiencias de otra persona, lo único que no podemos hacer es decirles que no tuvieron esa experiencia. Sí, la fe entra a jugar aquí. No hay forma de evitarlo, y no quiero esconderme de ese hecho. Pero a través de esa fe, los creyentes encuentran certeza en sus corazones de que Jesús es real, relevante y divino; lo saben porque lo han visto trabajar en sus vidas. Algo en ellos no es lo mismo. Lo sé porque he estado allí. Jesús ha cambiado mi vida más veces y en más formas de las que podría contar. Aunque la relación de cada persona con Jesús es diferente, la belleza es que, sin importar los antecedentes, la edad, el trabajo, la ubicación o la situación financiera de una persona, el Jesús que conocen es el mismo. "Jesucristo es el mismo ayer y hoy y por los siglos".[55]

Cuando ampliamos nuestro alcance podemos ver la influencia abrumadora e improbable que tuvo la vida de Jesús en nuestro mundo. Es difícil encontrar una figura histórica que haya inspirado más libros, canciones y obras de arte que Jesús. Sin dinero, sin ejército, sin escribir una palabra, un carpintero de Nazaret cambió el rumbo de la historia. A partir de 2015 casi un tercio de la población mundial se identificó como cristiana, y se prevé que ese número siga creciendo.[56] Eso significa que 2.2 mil millones de personas en todo el mundo creen que Jesús es Dios. El teólogo medieval, Thomas Aquinas, argumentó que, si Jesús no era Dios encarnado, entonces ocurrió un milagro aún más increíble: "la conversión del mundo por la mentira más grande de la historia y la transformación moral de vidas en desinterés, desapego de los placeres mundanos y nuevas alturas de santidad radicales, por un mero mito".[57]

Notas finales para el Capituló 5
1. The Art Reynolds Singers, "Jesus Is Just Alright", de Arthur Reid Reynolds, grabado en 1965, *Tellin' It Like It Is*, 1966. Esta canción usa "bien" en la línea de la jerga de la década de 1960 para representar "genial" o "muy bueno", a diferencia del significado actual de "OK". En 1969, The Byrds hizo una versión de esta canción, y en 1973, The Doobie Brothers lanzó su versión como sencillo. Alcanzó el puesto 35 y finalmente se convirtió en la versión más popular de la canción.

2. Abdullah Yusuf Ali, *The Holy Qur-ān: English Translation & Commentary* (Kashmiri Bazar, Lahore: Sheikh Muhammad Ashraf, 1934).
3. Dentro del hinduismo, el dharma es el principio moral que rige el deber, la religión y la ley. "Para los hindúes, el dharma es el orden moral del universo y un código de vida que encarna los principios fundamentales de la ley, la religión y el deber que gobierna toda la realidad. La cosmovisión hindú afirma que, siguiendo el dharma de uno, una persona puede finalmente lograr la liberación del ciclo de muerte y renacimiento (samsara)"."Dharma (hinduismo)", Centro Berkley para la Religión, la Paz y Asuntos Mundiales de la Universidad de Georgetown, https://berkleycenter.georgetown.edu/essays/dharma-hinduism.
4. Dentro del budismo Mahayana, un bodhisattva es un ser que, a través de compasión, se abstiene de entrar en el nirvana para salvar a otros del sufrimiento. Ese ser es adorado como una deidad.
5. Senzaki, *101 Zen Stories* (Whitefish, MT: Kessinger Publishing, LLC, 2010), 34–35.
6. Mientras que los Cristianos interpretan la doctrina de la encarnación de diferentes maneras, todos los Cristianos creen en la divinidad de Jesús.
7. Cornelius Tacitus, *The Annals of Tacitus*, Book XV, chapter 44. Ve Alfred John Church, William Jackson Brodribb, y Sara Bryant, *Complete Works of Tacitus* (New York: Random House, Inc., reprinted 1942).
8. Pliny, *Letters*, trad.. por William Melmoth, rev. by W.M.L. Hutchinson (Cambridge, MA: Harvard University Press, 1935), vol. II, X:96.
9. Craig L. Blomberg, "Jesus of Nazareth: How Historians Can Know Him and Why It Matters," *In Christian Apologetics: A Comprehensive Case for Biblical Faith* (Downers Grove, IL: IVP Academic, 2011).

10. Wayne Grudem, *Bible Doctrine* (Grand Rapids, MI: Zondervan, 1999), 236–237. Ve *La Santa Biblia*, Juan 1:1, 18; Juan 20:28; Romanos 9:5; Tito 2:13; Hebreos 1:8; 2 Pedro 1:1.
11. Ver *La Santa Biblia*, Apocalipsis 17:14, 19:16.
12. Ibíd., Tito 2:13.
13. Ibíd., 2 Pedro 1:11.
14. Ibíd., Isaías 9:6.
15. Ibíd., Filipenses 2:9–11.
16. Ibíd., Lucas 4:16–21, en el que Jesús lee las Escrituras de Isaías antes de decir: "Hoy se cumple esta Escritura delante de vosotros".
Ibíd., Lucas 24:27: "Y comenzando por Moisés y por todos los profetas, [Jesús] les explicó lo que en todas las Escrituras se decía acerca de él".
17. Ibíd., Juan 2:16; 3:16–18; 5:17; y 5:19–47.
18. *La Santa Biblia*, Nueva Versión Internacional © 2011, Juan 10:30.
19. Ibíd., Éxodo 3:14.
20. Ibíd., Juan 6:35.
21. Ibíd., Juan 8:12.
22. Ibíd., Juan 10:7.
23. Ibíd., Juan 10:11.
24. Ibíd., Juan 15:1.
25. Ibíd., Juan 11:25.
26. Ibíd., Juan 14:6.
27. Ibíd., Juan 8:52–59.
28. Ibíd., Juan 5:17–21.
29. Ibíd., Marcos 14:60–64.
30. Ve *La Santa Biblia*, Mateo 14:22–33.
31. Ibíd., Marcos 2:5.
32. Ibíd., Marcos 2:6–7.
33. Ibíd., Juan 14:13–14.
34. Ibíd., Mateo 2:2, 11; 14:33; 28:9, 17; Lucas 24:52; Juan 9:38.

Muchos eruditos también consideran que inclinarse o arrodillarse es una forma de adoración. Ve Mateo 8:2, 9:18, 15:25, 20:20; Marcos 5:6.
35. Ibíd., 2 Samuel 22:4, 1 Crónicas 16:25, Salmo 18:3, Salmo 48:1, Salmo 96:4, Salmo 145:3.
36. Robert M. Bowman Jr. y J. Ed Komoszewski, *Poniendo a Jesús en su lugar: El caso de la deidad de Cristo* (Grand Rapids, MI: Kregel Publications, 2007), 30.
37. Para obtener más información sobre la doctrina de la Trinidad, consulte Norton Herbst, PhD, "¿Qué es la Trinidad?" Explora a Dios, https://www.exploregod.com/que-es-la-trinidad.
38. *La Santa Biblia*, 1 Corintios 15:14.
39. William Lane Craig, *On Guard* (Colorado Springs, CO: David C. Cook, 2010), 219–220.
40. William Lane Craig vs. Bart D. Ehrman, "¿Existe evidencia histórica de la resurrección de Jesús? The Craig-Ehrman Debate," (Worcester, MA: College of the Holy Cross, marzo de 2006). Puedes encontrar una transcripción en línea de este debate aquí: https://www.reasonablefaith.org/media/debates/is-there-historical-evidence-for-the-resurrection-of-jesus-the-craig-ehrman/.
41. Ve *La Santa Biblia*, Mateo 28:11–14. Ve también *Ante-Nicene Fathers*, Volumen 1, ed. Alexander Roberts, James Donaldson y A. Cleveland Coxe (Buffalo, Nueva York: Christian Literature Publishing Co., 1885).
42. Ve *La Santa Biblia*, 1 Corintios 15:3–8.
43. *El Corán*, Sura 18:110.
44. Walpola Rahula, *What the Buddha Taught* (Nueva York: Grove Press, 1974), 1.
45. *Mero cristianismo: una edición revisada y ampliada* (Nueva York: Harper Collins, 2001), 52.
46. Peter Kreeft y Ronald K. Tacelli, *Pocket Handbook of Christian Apologetics* (Downers Grove, IL: InterVarsity Press,

2003), 63.

47. Mucha gente cree que Juan era el discípulo reclinado junto a Jesús en la Última Cena. Ve *La Santa Biblia,* Juan 13:23.

48. *La Santa Biblia,* Juan 1:1–4.

49. Ibíd., Hechos 22:3.

50. Ibíd., Hechos 8:1.

51. Ibíd., Hechos 9:1.

52. Ve *La Santa Biblia,* Hechos 9:3–19.

53. *La Santa Biblia,* Colosenses 1:15–20.

54. Ibíd., Hebreos 1:3.

55. Ibíd., Hebreos 13:8.

56. Pew Research Center, "The Changing Global Religious Landscape", 5 de abril de 2017, http://www.pewforum.org/2017/04/05/the-Changing-global-religious-landscape/.

57. Kreeft y Tacelli, 157.

Capítulo 6

¿Es la Biblia Confiable?

"La existencia de la Biblia, como libro para el pueblo, es el mayor beneficio que la raza humana jamás haya experimentado. Todo intento de menospreciarlo... es un crimen contra la humanidad". —Immanuel Kant[1]

"[La Biblia] está llena de interés. Tiene poesía noble en ella; y algunas ingeniosas fábulas; y algo de historia empapada de sangre; y algunas buenas costumbres; y una gran cantidad de obscenidad; y más de mil mentiras". —Mark Twain[2]

Se viene algo grande. Cada capítulo hasta ahora ha tocado el tema de la Biblia, así que es hora de que echemos un vistazo para ver si es de confianza, ¿no crees? La Biblia tiene más críticos que Jesús. Puede que tú seas uno de ellos. Es difícil saber qué hacer con un libro que la gente dice que es sagrado pero que contiene historias como: "Eliseo se volvió y, clavándoles la vista, los maldijo en el nombre del Señor. Al instante, dos osas salieron del bosque y despedazaron a cuarenta y dos muchachos".[3] Admito que no es mi primera opción para un sermón dominical. Junto con Twain, como se citó anteriormente, muchos condenan la Biblia como racista, misógina, violenta, de mente cerrada, irrelevante, inconsistente, contradictoria, obsoleta y poco confiable.

Y, sin embargo, aquí estamos. La Biblia ha tenido una tremenda influencia en todo el mundo durante milenios. Miles de millones de personas recurren a ella en busca de consuelo, orientación y corrección. Es ampliamente respetada como una obra de gran literatura, pero su confiabilidad como fuente de verdad y su afirmación de ser la palabra divina de Dios está, como debería ser, bajo escrutinio constante. La verdad es importante. Tal vez sea más difícil que nunca saber cuándo estamos obteniendo hechos claros. Cualquiera puede escribir cualquier cosa y publicarlo en línea, con poca o ninguna responsabilidad. Las "noticias" compartidas en las redes sociales a menudo están desactualizadas, fuera de contexto o simplemente no son ciertas. Entonces, ¿cómo podemos saber qué *es* verdad? ¿Cómo podemos determinar si la Biblia es una fuente confiable de verdad? ¿Podemos creer lo que dicen sus páginas sobre la historia, la vida, la fe y Dios? ¿Puede la Biblia resistir las pruebas de los historiadores, los arqueólogos y el sentido común?

Una Introducción a la Biblia

Nadie ha dicho que la Biblia es una lectura fácil.

: ¿Es la Biblia Confiable?

Te mentiría si dijera que lo es. La Biblia es una proeza histórica y literaria, elaborada de manera multigeneracional y multicultural. Los eruditos dedican toda su vida a estudiar sus páginas e incluso discrepan acerca de algunos de sus hallazgos e interpretaciones. Así que sí. La Biblia puede ser intimidante. Comencemos con algunos datos básicos para ayudar a eliminar un poco el misterio.

Aunque a menudo escuchas a la gente referirse a la Biblia como un libro, en realidad es una colección de sesenta y seis libros escritos por docenas de autores durante cientos de años.[4] Comenzando con la creación del mundo, la historia que se cuenta en la Biblia abarca milenios. Sigue la historia de los israelitas, detalla la vida y el ministerio de Jesús, y concluye con una profecía del fin de los tiempos. El contenido se puede dividir en varios géneros:

- Narrativa: historias sobre personajes y eventos históricos.
- Poesía: letras, canciones y oraciones que expresan emociones e ideas usando un lenguaje distintivo, estilos literarios y ritmo.
- Profecía: mensajes que transmiten bendiciones o juicios divinos sobre las personas y piden una respuesta de ellos.
- Epístolas: cartas escritas por una o más personas a iglesias e individuos, a menudo

abordando temas específicos.
- Literatura sapiencial: proverbios y dichos sobre vivir bien la vida y tomar decisiones sabias.
- Códigos legales: leyes para ordenar una sociedad justa.
- Parábolas: historias imaginativas que se relacionan con la vida e ilustran un punto.
- Literatura apocalíptica: escritos que tienen que ver con el fin del mundo.[5]

Los primeros cinco libros (Génesis, Éxodo, Levítico, Números y Deuteronomio) se conocen como la Torá (a menudo traducido como "Enseñanza" o "Ley") o el Pentateuco (que significa "cinco rollos"). Estos cinco libros cubren la creación del mundo, el establecimiento de la nación y las leyes de Israel, y el escape de la esclavitud de los israelitas en Egipto. Les siguen libros históricos, que relatan la historia de los israelitas después de llegar a la Tierra Prometida. Después de eso, encontramos literatura de poesía y sabiduría en los libros de Job, Salmos, Proverbios, Eclesiastés (que vimos en el capítulo 1) y Cantares. Complementan el Antiguo Testamento los libros de los profetas y el libro de Lamentaciones, una serie de lamentos poéticos sobre la destrucción de Jerusalén, escritos por el profeta Jeremías. El Antiguo Testamento abarca aproximadamente del año 2000 al 400 a.c.

El Nuevo Testamento continúa con el nacimiento de Jesús unos cuatrocientos años después, comenzando con los cuatro evangelios que son esencialmente biografías de la vida de Jesús. Siguen los Hechos de los Apóstoles, libro que detalla el inicio de la Iglesia cristiana. Luego vienen veintiuna cartas a varias iglesias e individuos. Se enfocan en las enseñanzas de Jesús, cómo vivir una vida cristiana, y la vida de las personas en las iglesias. La Biblia cristiana luego concluye con el libro de Apocalipsis, quizás el libro más controvertido y confuso de todos, que usa imágenes y simbolismos para describir cómo el plan redentor de Dios, para la creación, llegará a buen término.

Este es el canon bíblico, la lista de libros oficialmente aceptados y reconocidos como el producto de la divina revelación. El consenso es que el canon actual estaba en vigor extraoficialmente y las iglesias primitivas lo usaban alrededor del año 150 d.C. En 367, Atanasio, obispo de Alejandría, publicó una lista universal de los veintisiete libros canónicos del Nuevo Testamento. Los cristianos creen que los libros de la Biblia fueron escritos por autores humanos con la guía divina de Dios. Como dice el teólogo J. I. Packer:

> "La Iglesia no nos dio el canon del Nuevo Testamento, de igual forma que [el científico] Isaac Newton no nos dio la fuerza de la gravedad.

> Dios nos dio gravedad, por obra de su creación, y de manera similar nos dio el canon del Nuevo Testamento, al inspirar los libros individuales que lo componen. Newton no creó la gravedad, pero la reconoció".[6]

Pero ciertamente hay desafíos para leer la Biblia hoy. Parte de ella fue compuesta hace más de tres mil años. Como resultado hay historias y figuras retóricas que simplemente no se conectan ni tienen sentido para el lector moderno. Hay referencias que asumen conocimientos culturales e históricos que la mayoría de nosotros no tenemos. Más allá de eso, relativamente pocas personas leen la Biblia en sus idiomas originales: hebreo antiguo, arameo y griego. Entonces, ¿cómo podemos saber si la Biblia que leemos hoy es confiable? ¿Se puede contar con ella como fuente de verdad y guía?

Validando la Biblia

Es justo decir que ningún libro ha tenido más alcance o impacto en el mundo que la Biblia. La Biblia completa ha sido traducida a 670 idiomas, el Nuevo Testamento a 1,521 idiomas, y al menos un libro de la Biblia en 3,312 idiomas.[7] No hay ningún otro libro disponible en ningún lugar cercano a esa cantidad de idiomas. Aunque es difícil obtener cifras exactas, casi todo el mundo está de acuerdo en que la Biblia es el libro más vendido y de mayor distribución de todos los

: ¿Es la Biblia Confiable?

tiempos. Las palabras contenidas en sus páginas han influido en la historia, la cultura, la política, el derecho, la literatura, la música y el arte. No es exagerado decir que el mundo tal como lo conocemos no existiría sin la Biblia. Como escribió Leland Ryken: "Dondequiera que miremos en el pasado cultural, encontramos la Biblia. No podemos evitarlo si lo intentamos, y no entenderemos nuestro pasado sin un conocimiento de la Biblia".[8]

Pero, aunque la influencia de la Biblia es impresionante e innegable, no hace mucho a la hora de demostrar su credibilidad. Para considerar si la Biblia es de confianza, podemos utilizar las mismas medidas de validación que usaríamos para cualquier otro libro antiguo.

Historia en Arqueología

Una forma de validar el contenido de la Biblia es a través de la arqueología. ¿Existieron las personas y los lugares representados en la Biblia? ¿Ocurrieron realmente los hechos descritos? ¿Podemos corroborar las historias contadas con evidencia externa? Los arqueólogos han estado excavando en Egipto, Siria, Palestina y Mesopotamia durante cientos de años, y solo se ha excavado una fracción de los sitios mencionados en la Biblia. Nuevos descubrimientos arqueológicos continúan ampliando nuestro conocimiento del mundo antiguo, desde los nombres de ciudades y gobernantes, hasta el tipo de cerámica y armas utilizadas en un determinado lugar y tiempo. Muchos de estos hallazgos arqueológicos han confirmado relatos bíblicos en términos de detalles históricos.

Tomemos, por ejemplo, la inscripción egipcia llamada Merneptah Stele o Israel Stele. Es la primera referencia textual a la nación de Israel fuera de la Biblia. Describe las victorias militares del faraón Merneptah, incluida una mención de una campaña militar egipcia en Canaán, alrededor de 1210 a.C. Dice: "Israel está desolado; su simiente no es". Aunque la referencia es breve, el estudio del texto y sus implicaciones ha demostrado que se alinea con la imagen bíblica que tenemos de Israel en ese momento.[9] Más allá de este ejemplo, los arqueólogos han recuperado la tumba de Uzías, rey de Judá, cuya muerte se registra en 2 Crónicas 26:23. Han excavado mucho marfil en la Samaria del siglo VIII a. C., que se ajusta a la descripción bíblica del palacio del rey Acab como "adornado con marfil".[10] La lista continúa.

Hay por supuesto límites a lo que la arqueología nos puede hablar. Si bien puede confirmar que los camellos fueron domesticados durante la época de Abraham,[11] como indica Génesis,[12] la arqueología no puede afirmar que Dios se apareció a Abram, estableció un pacto con él y cambió su nombre a Abraham.[13] Podemos confirmar que los pueblos de la antigua

: ¿Es la Biblia Confiable?

Galilea tenían sinagogas durante la época de Jesús, pero la arqueología no puede probar ni refutar que Jesús predicó un sermón en particular en un día en particular. Pero incluso con esta limitación en mente son tantos descubrimientos de las antiguas culturas egipcia, hitita, cananea, asiria, babilónica y relatos bíblicos paralelos, que un destacado arqueólogo judío declaró: "Ningún descubrimiento arqueológico ha controvertido jamás una referencia bíblica. Se han hecho decenas de descubrimientos arqueológicos que confirman, con un esquema claro o con detalles exactos, declaraciones históricas hechas en la Biblia".[14]

Historia en la Literatura

Fuera de la arqueología, las obras literarias antiguas también pueden corroborar los relatos bíblicos. Los historiadores dependen en gran medida de los informes antiguos para reconstruir la historia. De hecho, una de las formas más efectivas de determinar la confiabilidad histórica de un texto, es compararlo con la información disponible de otras fuentes contemporáneas. Por supuesto, esto es más fácil decirlo que hacerlo durante algunos períodos de tiempo. Más fácilmente encontramos información sobre los Estados Unidos en 1980, que sobre Asiria en 980 a.C. Sin embargo, tenemos relatos escritos que corroboran los textos bíblicos.

Los registros asirios dan fe de varios reyes,

batallas y lugares mencionados a lo largo del Antiguo Testamento, y sus líneas de tiempo se alinean. En *Antiguedades de los judíos (Antiquities of the Jews)*, el historiador judío Josefo escribe sobre la vida, las enseñanzas y la muerte de Jesús bajo el gobierno de Pilato. Como mencionamos en el capítulo anterior, en el año 116 d.C., el historiador romano Tácito escribió sobre la ejecución de Jesús y el movimiento cristiano primitivo. Los escritos de Plinio el Joven con respecto a las reuniones de los primeros cristianos, que también examinamos en el último capítulo, se ajustan en gran medida a la descripción de la comunión de los creyentes dada en Hechos 2:42-47. Entre 155 y 157 d.C., el apologista cristiano Justino Mártir escribió una carta al emperador romano Antonino Pío, pidiéndole que salvara a los cristianos de la persecución. En su carta Justino Mártir defiende la filosofía del cristianismo, ofrece una explicación detallada de las prácticas cristianas, y sugiere que el emperador verifique el hecho de la muerte de Jesús refiriéndose a los registros romanos oficiales, específicamente, *los Hechos de Poncio Pilato*.[15] Más allá de estos ejemplos los eruditos también señalan el hecho de que los nombres bíblicos y los estilos de escritura son consistentes con los períodos de tiempo citados.

: ¿Es la Biblia Confiable?

Objeciones a la Confiabilidad de la Biblia

Pero incluso con la creciente evidencia quedan muchas preguntas válidas sobre la confiabilidad de la Biblia, particularmente con respecto a nuestras versiones modernas. Echemos un vistazo a las objeciones más comunes las cuales tú puedes compartir.

Objeción: "Incluso si Dios inspiró las palabras originales, no tenemos las palabras originales" [16]

Esto es cierto. No tenemos las páginas originales de los libros de la Biblia. Lo que tenemos son copias. Pero este problema no es exclusivo de la Biblia; nos enfrentamos al mismo problema con casi *todas* las obras antiguas. Las tabletas de arcilla, el papiro y el pergamino simplemente no duraron milenios. Entonces, ¿cómo podemos saber si lo que estamos leyendo es una representación precisa del texto original? Los eruditos generalmente establecen la credibilidad de los documentos antiguos basándose en: 1) la naturaleza y el número de copias que tenemos y 2) el número de años entre las primeras copias y las obras originales. Es decir, ¿cuántos años de distancia del original tiene la copia en cuestión? En esto, la Biblia no tiene paralelo.

¿Cuáles son algunos de los textos antiguos más conocidos que se te ocurren? ¿Los diálogos de Platón? ¿Las enseñanzas de Aristóteles? ¿Los anales de los grandes historiadores romanos? Para casi todos los documentos antiguos que puedas nombrar, se extiende un lapso de 700 a 1450 años entre las obras originales y la copia más antigua descubierta hasta el momento. Cuando se trata del Antiguo Testamento, los Rollos del Mar Muerto están a menos de 500 años de sus textos originales. Tenemos dos manuscritos que contienen casi todo el Nuevo Testamento; han sido fechados a solo 300 años de sus originales. Un fragmento del Evangelio de Juan data de apenas 40 años de separación.[17]

Y tenemos miles de copias de libros bíblicos. De hecho, tenemos más manuscritos antiguos del Nuevo Testamento que cualquier otro texto antiguo. Según Daniel Wallace, director ejecutivo del Centro de Manuscritos del Nuevo Testamento, actualmente tenemos más de 5,800 manuscritos griegos que contienen alguna porción del Nuevo Testamento. También hay miles de traducciones tempranas a idiomas como el latín, el copto, el siríaco, el armenio y otros. Al tenerlos en cuenta, terminamos con más de 24,000 manuscritos del Nuevo Testamento. El trabajo más cercano es la *Ilíada* de Homero, con alrededor de 1,800 manuscritos, el más antiguo data de 400 años después del momento original de la escritura.[18] Simplemente no hay comparación. Los académicos Bart D. Ehrman y Bruce M. Metzger lo expresaron de esta manera:

En contraste con estas figuras [de otras obras

antiguas], el crítico textual del Nuevo Testamento se siente avergonzado por la abundancia de material. Además, la obra de muchos autores antiguos se ha conservado únicamente en manuscritos que datan de la Edad Media (a veces de finales de la Edad Media), muy alejada de la época en la que vivieron y escribieron. Por el contrario, el tiempo entre la composición de los libros del Nuevo Testamento y las primeras copias existentes es relativamente breve. En lugar de un lapso de un milenio o más, como es el caso de no pocos autores clásicos, existen varios manuscritos en papiro de porciones del Nuevo Testamento que fueron copiados aproximadamente un siglo después de la composición de los documentos originales.[19]

Y seguimos descubriendo nuevos manuscritos y digitalizando los antiguos. Tenemos más hoy que nunca, y cada descubrimiento ayuda a asegurar la exactitud de nuestras Biblias contemporáneas. Cada manuscrito antiguo es una oportunidad para comparar, analizar y verificar el texto bíblico actual, una oportunidad para descubrir y examinar cualquier inconsistencia aparente.

Objeción: *La Biblia está llena de contradicciones e inconsistencias.*

Hablando de inconsistencias, ¿no se contradice

la Biblia? No toma mucho tiempo descubrir cuáles parecen ser contradicciones absolutas en la Biblia. De hecho, veo esto en la página uno: los capítulos 1 y 2 de Génesis contienen dos relatos de creación diferentes. En Génesis 1, Dios crea las plantas y los animales, luego los seres humanos.[20] Génesis 2:5 dice que "ningún arbusto había aparecido aún en la tierra y ninguna planta había brotado aún" cuando Dios creó a los humanos.[21] Ambas cosas no pueden ser verdad. ¡Solo llevamos dos capítulos y ya parece que el autor no puede aclarar la historia! Ese es solo un ejemplo; se podrían enumerar más. Todos plantean la pregunta: si la Biblia está llena de contradicciones, ¿cómo puede ser un libro de verdad?

Una vez más los eruditos nos ayudan a dar sentido a todo. Cuando aplicas una comprensión de las lenguas y la literatura antigua, y enmarcas el texto en el contexto cultural de la época, la mayoría de estas "discrepancias" resultan no ser contradicciones en absoluto. Este es el caso en Génesis. El libro de Génesis emplea un diseño literario artístico antiguo conocido como telescópico. Génesis 1 cuenta la historia completa en orden cronológico, mientras que Génesis 2 "se acerca" a la creación de la humanidad. El segundo capítulo se superpone al final del primero. Es decir, Génesis 2 es un telescopio de Génesis 1. Génesis 1 vuelve a contar la historia de la creación en detalle, terminando con la creación de los seres humanos. El Capítulo 2 continúa con la creación de la humanidad y cuenta esa parte de la historia con más detalle. Estos dos capítulos son relatos complementarios, que muestran el arte del autor. Además, este es un gran ejemplo de la importancia de referirse al idioma original para agregar contexto. Una comprensión de las palabras hebreas usadas para "planta", "arbusto" y "vegetación" agregan claridad aquí. Al observar los significados originales de la palabra y encajar Génesis 2:5 en el contexto más amplio del libro, descubrimos que el escritor en realidad se refiere a diferentes tipos de plantas. El profesor Kenneth Matthew expone:

> Génesis 2:5-7 se entiende mejor a la luz de 3:8-24, que describe las consecuencias del pecado. Esto se muestra en el lenguaje de 2:5-6, que anticipa lo que le sucede a la tierra a causa del pecado de Adán (3:18, 23). Cuando se ve de esta manera, encontramos que el "arbusto" y la "planta" de 2:5 no son lo mismo que la vegetación de 1:11-12. "Planta (*'ēśeb*) del campo" describe la dieta del hombre que come solo después del sudor de su trabajo (3:18-19) después de su jardín peca, mientras que "plantas que dan semilla" (*'ēśeb mazrîa' zera'*), tal como se encuentran en la narración de la creación, fueron provistos por Dios para el consumo humano y animal (1:11-12, 29-30; 9:3). Estas

plantas se reproducen sólo por semilla, pero "planta", de la que se habla en 2:5, requiere el cultivo humano para producir los granos necesarios para el alimento comestible; es por tal cultivo que el hombre caído comerá su "alimento" (3:19).[22]

Otros ejemplos que se han planteado son las aparentes discrepancias entre los relatos de la vida de Jesús. Los escritores de los evangelios Mateo y Lucas relatan muchas de las mismas partes de la vida de Jesús, pero a veces sus órdenes de eventos difieren entre sí. Eso hace que parezca que los dos evangelios se contradicen, el hecho es que la precisión cronológica es una preocupación moderna, no antigua. Una vez que aprendas que los biógrafos antiguos (que lo eran Mateo y Lucas) a menudo organizaban su contenido por temas, podrás ver que las diferencias en los textos simplemente revelan los propósitos y temas importantes para cada escritor. De hecho, a los evangelios les va bien según los estándares modernos de las biografías antiguas. Fueron escritos dentro de una o dos generaciones de la vida del sujeto, y el estudio ha demostrado que tanto Mateo como Lucas hicieron un uso cuidadoso de sus fuentes.[23]

Piensa en esto: Si fueras un investigador de la policía con dos relatos de testigos oculares separados que coincidieron palabra por palabra, ¿no sospecharías? Con toda probabilidad los dos testigos se han confabulado. Tu esperarías informes similares con pequeñas diferencias. Imagina que una persona dice que vio un perro y la otra dice que vio un gato. ¿Contradictorio? No necesariamente. Quizás tanto un perro como un gato estaban en la escena. El teólogo John Frame resume: "Los escritores evangélicos a menudo han dicho que, aunque hay muchas dificultades bíblicas, nadie ha *probado* jamás la existencia de un solo error. Esto es cierto. Solo se necesita una *posible* solución a un problema para refutar la afirmación dogmática de que *no* hay solución".[24]

Objeción: ¿No se puede perder el mensaje en la traducción?

¿Recuerdas el juego del Teléfono? ¿Jugaste eso de niño? Una persona susurra una frase a otra, luego esa persona se lo susurra a la persona que está a su lado. En el momento en que regresa el grupo a la primera persona, el mensaje es drásticamente diferente del dicho original. ¡Ahora imagina si todos los que juegan hablaran un idioma diferente! Cuando se trata de la Biblia, no solo estamos trabajando con copias, sino que esas copias se traducen de un idioma a otro. Seguramente hemos estropeado el mensaje original; lo que leemos hoy no es lo mismo que se escribió hace tantos años. ¿Cómo puede ser?

Afortunadamente, la traducción moderna de la Biblia no funciona como el juego del Teléfono. Echemos un vistazo a cómo se crean las traducciones de la Biblia. Hemos mencionado que la Biblia hebrea fue traducida al griego incluso antes de que naciera Jesús; esa versión se llamó la Septuaginta.[25] A medida que los libros de la Biblia se canonizaron oficialmente en las Escrituras, se hicieron más traducciones para que el evangelio pudiera difundirse a más personas en más áreas del mundo. Esto incluyó una traducción al latín del siglo IV, conocida como la Vulgata. Mil años después, un hombre llamado John Wycliffe completó la primera traducción de la Biblia al inglés, utilizando la Vulgata como fuente principal. En el siglo XVII, el rey de Inglaterra autorizó a cuarenta y siete eruditos a completar una nueva traducción al inglés, utilizando los textos griegos, hebreos y arameos, con la Vulgata como recurso secundario. Es posible que conozcas esta iteración como la Biblia del Rey Jacobo *(King James)*. Desde entonces se han producido una variedad de traducciones en las que los académicos adoptan una variedad de enfoques para el proceso de traducción. Estos enfoques caen en alguna parte de una escala que va desde la equivalencia formal (traducciones palabra por palabra) hasta la equivalencia funcional (traducciones significado por significado o pensamiento por pensamiento).[26]

Producir una traducción de la Biblia no es tarea fácil. El proceso es lento y tedioso. Para crear una traducción bíblica contemporánea académicos,

: ¿Es la Biblia Confiable?

lingüistas, expertos bíblicos y otros miembros del equipo trabajan juntos durante años. Cada palabra se verifica una y otra vez con manuscritos antiguos en su idioma original, varios comentarios y traducciones anteriores. ¡La responsabilidad pesa mucho sobre los involucrados, y el arduo proceso de crear una traducción completa de la Biblia puede llevar décadas![27] Gracias a la arqueología y la tecnología, hay más recursos disponibles para estos estudiosos de formas más convenientes que nunca. Con cada nuevo descubrimiento, nuestras traducciones se vuelven aún más precisas y tenemos la oportunidad de confirmar lo que hemos traducido previamente.

Los Rollos del Mar Muerto son un gran ejemplo. Escritos y copiados entre los últimos tres siglos a. C. y el primer siglo d. C., estos rollos permanecieron en silencio en las cuevas de Qumrán hasta finales de 1946 y principios de 1947, cuando los pastores locales los descubrieron en frascos, donde habían estado escondidos.[28] Comprensiblemente, una vez que supieron qué podrían ser estos rollos, los eruditos estaban ansiosos por autenticarlos. Los expertos confirmaron la antigüedad de los documentos a través de la arqueología, la paleografía (el estudio de los escritos antiguos), la ortografía (conjunto de reglas y convenciones que rigen el sistema de escritura) y datación por carbono.[29] Todos los métodos llegaron a la misma conclusión: estos son los manuscritos hebreos de la Biblia más antiguos que se conocen. Hasta el descubrimiento de estos rollos, los manuscritos hebreos más antiguos de la Biblia eran textos masoréticos de alrededor del siglo X d.C. Eso significa que los Rollos del Mar Muerto se escribieron *un milenio antes*, lo que los convierte en un recurso sin precedentes cuando se trata de cotejar la confiabilidad de nuestros textos bíblicos modernos.

Desde el interior de las cuevas de Qumrán, los excavadores descubrieron fragmentos de todos los libros del Antiguo Testamento excepto del libro de Ester. Entre los descubrimientos se encontraba lo que se conoce como el Rollo de Isaías, un rollo bien conservado de siete metros de largo que contiene el libro completo de Isaías. Este Rollo y otra copia de Isaías encontrada en las cuevas, demostraron ser de particular importancia cuando se trata de determinar la precisión bíblica. El erudito bíblico y teólogo Gleason Archer escribe:

> Aunque las dos copias de Isaías descubiertas en la Cueva 1 de Qumrán cerca del Mar Muerto en 1947 eran mil años antes al manuscrito fechado más antiguo conocido (980 d.C.), resultaron ser idénticas palabra por palabra a nuestra Biblia hebrea estándar en más del 95 por ciento del texto. El cinco por ciento de la variación consistió principalmente en deslices obvios de la pluma y variaciones en la ortografía.[30]

Leíste bien: ¡95 por ciento idénticos después de mil años! Hasta ese momento, sabíamos que los antiguos escribas habían trabajado diligente y cuidadosamente para preservar sus textos sagrados. Pero los críticos siempre habían dicho que, si alguna vez encontrábamos manuscritos anteriores de los textos bíblicos, revelarían hasta qué punto nuestras versiones modernas se han desviado de los originales. El Rollo de Isaías demuestra todo lo contrario: muestra cuán precisas se mantuvieron las Escrituras durante siglos.

Objeción: Hay tantas interpretaciones. No podemos saber cuál es la correcta.

Ok, digamos que tenemos traducciones confiables de las palabras que componen la Biblia. Eso no garantiza una interpretación precisa de lo que *significan* las palabras. Todos hemos escuchado historias de personas que hicieron o dijeron algo extravagante o atroz "porque la Biblia les dijo que lo hicieran". Es un lugar común decir "cada uno tiene su propia interpretación", como si no hubiera forma de saber cuál interpretación es la correcta. Si bien puede ser cierto que los pensamientos y caminos de Dios no son los nuestros, también es cierto que en términos generales el lenguaje humano es lo suficientemente adecuado para transmitir significado.[31] Esto no quiere decir que la Biblia siempre sea fácil de entender. Hay varios pasajes desafiantes y confusos. Al igual que con cualquier obra literaria antigua, es importante enmarcar los libros de la Biblia dentro de sus períodos de tiempo originales, teniendo en cuenta su audiencia original, su género literario y su contexto histórico.

Los malentendidos de las convenciones antiguas y los dispositivos literarios pueden llevar a las personas a distorsionar la Biblia. Los escritores de la Biblia hacen un hábil uso del simbolismo, la metáfora, las imágenes, la alegoría, la hipérbole, la paradoja, la alusión, los juegos de palabras y mucho más. Como en toda poesía, no todas las palabras deben leerse literalmente. En el pasado las personas han tergiversado pasajes bíblicos para apoyar sus propias agendas. Lamentablemente esto seguirá sucediendo. Es parte de la naturaleza humana buscar justificación para nuestras creencias, acciones y prejuicios; la distorsión, mala interpretación y mal uso de la Biblia hace justamente eso. Hay innumerables ejemplos de esto, desde perpetradores de genocidio hasta líderes de culto y grupos de odio. Entonces, ¿cómo podemos saber cuándo alguien está malinterpretando un texto bíblico?

Debido a que la Biblia es el libro más estudiado en el mundo, hay una erudición significativa y de alta calidad en casi todos los pasajes. Los académicos de múltiples disciplinas están capacitados en los idiomas originales y están familiarizados con la historia antigua y las culturas relevantes. En términos generales los académicos capacitados están de acuerdo en el punto principal de la mayoría de los textos, mientras que a veces persiste un desacuerdo significativo sobre los detalles y matices. Existen validaciones ampliamente aceptadas del significado de cualquier texto dado como el contexto histórico, el significado de cada palabra, la estructura gramatical de una oración y las características del género literario.

Más allá de esto, uno debe considerar cualquier interpretación de un pasaje o sección de la Biblia a la luz de la Biblia como un todo. ¿Cómo se mantiene unida toda la historia? ¿Armoniza esa interpretación con el mensaje completo de la Biblia? ¿o choca? Los primeros líderes de la iglesia se esforzaron por hacer declaraciones precisas sobre puntos cruciales de la fe cristiana, expresando el significado de la historia general de la Biblia. Ya en el siglo II d.C, podemos ver a escritores como Ignacio e Ireneo brindando lo que se llamó "la regla de la fe,"[32] que identificó la unidad en los enfoques fundamentales para la interpretación de las Escrituras. Al tratar de determinar si una interpretación específica puede considerarse válida, puede ser útil consultar estos acuerdos fundamentales.

A medida que crece nuestro conocimiento del mundo antiguo con un mayor acceso a fuentes más digitalizadas de los tiempos bíblicos, los académicos obtienen una imagen cada vez más clara del contexto en el que se escribieron estos textos. Ese mayor conocimiento conduce a un mayor acuerdo sobre el significado de cada texto. Desafortunadamente esto no impide que las personas, tanto las bien intencionadas como las malévolas, publiquen o digan lo que quieran, ya sea que su interpretación tenga alguna base académica o no.

¿Es la Biblia la Palabra de Dios?

Podemos ver al observar la historia, la arqueología y los manuscritos antiguos que la Biblia demuestra ser confiable una y otra vez. Pero no te estaría haciendo un favor si me detengo ahí. El hecho es que los cristianos no ven la Biblia solo como confiable; la consideran sagrada. Así como Jesús afirmó ser el Hijo de Dios, la Escritura está llena de afirmaciones de que es la Palabra de Dios. Cada mayor denominación cristiana afirma un compromiso con la autoridad de las Escrituras como la fuente de la verdad de Dios.

Jesús también lo hizo. Aunque no recibió entrenamiento religioso formal, Jesús conocía y entendía las Escrituras tan profundamente, que los líderes judíos de su época se maravillaron de su conocimiento y preguntaron: "¿Cómo obtuvo este hombre tal conocimiento sin haber sido instruido?"[33] De hecho la Escritura fue la base de sus propias enseñanzas; creía y a menudo se remitía a ella. Citó a los profetas por nombre y les dijo a sus oyentes que él era el cumplimiento de esas profecías. Durante su tiempo en el desierto, Jesús resistió, refutó y rechazó a Satanás en tres ocasiones con las palabras "Escrito está", antes de citar las Escrituras como fuente de poder y verdad.[34] No hay duda de que Jesús vio las Escrituras como verdaderas, poderosas, autorizadas e integrales para la fe y la relación con Dios.

Inspirado por Dios

Es posible que hayas escuchado afirmaciones que la Biblia es "inspirada". En este contexto el concepto se aplica a la relación entre Dios y quienes escribieron las páginas de la Biblia. Permíteme aclarar que la palabra no se usa de la misma manera que a menudo la usamos hoy para describir a alguien que se "inspiró" a escribir un libro, pintar un cuadro o componer una canción. No queremos decir que el apóstol Pablo vio un hermoso atardecer, se sintió conmovido por su belleza y luego escribió el libro de Gálatas como resultado. En primer lugar, cuando se usa en este contexto, la inspiración tiene que ver con el hecho de que el último autor de la Biblia es Dios. En 2 Timoteo 3:16 Pablo escribe célebremente: "Toda la Escritura es inspirada por Dios y útil para enseñar, para reprender, para corregir y para instruir en la justicia". Desempaquemos un poco eso.

"Toda la Escritura es inspirada por Dios". Esa poderosa frase tiene solo tres palabras en griego: *pasa graphē theopneustos*. Esas palabras nos dicen el alcance, el enfoque y la fuente de la inspiración de la Biblia. *Pasa*, indica que estamos hablando de "todos". *Graphē*, se refiere a la Escritura del Antiguo Testamento, la cual era toda la Biblia que estaba disponible en ese momento. Ahora abordemos *theopneustos*. Esta es una palabra compuesta formada por *theo*—de *theos*, que significa Dios —y *pneustos*— de *pneō*, que significa "respirar" o *pneuma*, que significa "aliento". Por lo tanto, toda (todos) Escritura es respirada por Dios (inspirada por Dios).[35]

Esto es importante. Algunos dicen que sólo ciertas partes de la Biblia son inspiradas. Tal vez las palabras de Jesús son inspiradas por Dios, pero eso es todo. O tal vez cada vez que la Biblia habla de espiritualidad, eso es de Dios, pero no cuando habla de historia. El problema aquí, por supuesto, es que esta mentalidad pone al individuo en la posición de decidir qué es de Dios y qué no. No funciona así, según la propia Biblia, se afirma que *toda* la Escritura es inspirada por Dios. No podemos escoger y elegir como queramos, aunque puede ser tentador hacerlo. Cada frase viene de Dios. El foco de inspiración son las palabras, *graphē*. El foco de su inspiración no fueron los autores sino el texto. Dios no inspiró a los autores de las Escrituras a componer libros profundamente espirituales. Más bien, exhaló el texto, el *graphē*. No solo los conceptos de la Biblia son inspirados sino también los escritos mismos.

Algunas personas se preguntan cómo podría ser esto. Errar es de humanos, ¿no? Por lo tanto, lo que escriben los humanos, incluidas las palabras de la Biblia, es falible. No estamos hablando de pequeños errores como palabras mal escritas, sino de errores que resultan en afirmaciones falsas. Esta objeción implica que es necesario cometer errores para ser humano. Para los cristianos, se puede hacer una buena comparación entre Jesucristo (a menudo llamado la Palabra viviente), que es a la vez divina y humana, y la Biblia, la Palabra escrita, que también es humana y divina. Jesús era plenamente humano y no dijo nada falso. Aunque las palabras de la Biblia fueron escritas por humanos, la Escritura sigue siendo la verdadera Palabra de Dios.

Pero simplemente decir que la Biblia es "respirada por Dios" no explica cómo pudo haber sucedido. ¿Cómo usó Dios autores humanos, con sus propias personalidades, antecedentes y estilos de escritura, para comunicar la verdad divina? Obtenemos una idea del apóstol Pedro cuando escribe: "Sobre todo,

> En el corazón de la fe Cristiana está Jesús, y sus palabras y acciones sirven como la última estrella guía pra el cristianismo.

debes entender que ninguna profecía de la Escritura se produjo por la propia interpretación de las cosas por parte del profeta. Porque la profecía nunca tuvo su origen en la voluntad humana, sino que los profetas, aunque humanos, hablaron de parte de Dios siendo inspirados por el Espíritu Santo".[36] El término griego traducido aquí como "llevado" es *phero*. En el libro de los Hechos se usa la misma palabra para describir cómo el barco de Pablo fue atrapado en una tormenta y "llevado adelante" por el viento. De manera análoga, los profetas del Antiguo Testamento fueron movidos por el Espíritu Santo y compartieron la Palabra de Dios a través de sus propias palabras. Por medio de los humanos Dios habló. Cada persona siguió siendo un ser humano plenamente consciente con pensamientos, sentimientos y experiencias propias. Pero si bien grabaron físicamente las palabras, el mensaje no era suyo. No estaban registrando sus propias ideas sino las revelaciones de Dios, transmitiéndolas por medio de sus propios y únicos estilos.

Contender con Pasajes Desafiantes

Pero si esto es cierto, entonces, ¿qué hacemos con los pasajes incómodos y ofensivos como el que mencioné al comienzo de este capítulo: ¿las osas atacando a cuarenta y dos muchachos? ¿O por qué Dios instruye a los israelitas a eliminar grupos enteros de personas? Hay muchos versículos como estos:

> "Así dice el Señor Todopoderoso: He decidido castigar a los amalecitas por lo que le hicieron a Israel, pues no dejaron pasar al pueblo cuando

salía de Egipto. Así que ve y ataca a los amalecitas ahora mismo. Destruye por completo todo lo que les pertenezca; no les tengas compasión. Mátalos a todos, hombres y mujeres, niños y recién nacidos, toros y ovejas, camellos y asnos".[37]

¿O qué tal un versículo como este: "guarden las mujeres silencio en la iglesia, pues no les está permitido hablar"?[38] La lista podría continuar, pero se reduce a esta pregunta: si hay versículos como estos en la Biblia y la Biblia es la Palabra de Dios, ¿significa eso que Dios es violento, racista y sexista?

Como suele ser el caso, la respuesta no es tan simple. Es innegable que el Antiguo Testamento está lleno de violencia y guerra. Pero es importante cavar más profundamente en su papel en la historia de los israelitas. Cuando lo hacemos descubrimos que Dios no estaba "golpeando" a la gente al azar de izquierda a derecha. Más bien, la guerra se usó como un instrumento de justicia. El Dr. Norton Herbst lo explica de esta manera:

> [Dios] a menudo usó a Israel para ejecutar justicia sobre los infractores que habían cometido actos que incluso la gente moderna llamaría maldad. Este tipo de justicia valora la vida de las víctimas al actuar en su nombre, y valora la vida de los delincuentes al tomar en

serio sus acciones y tratarlos en el contexto de su lugar en la sociedad humana.

Sin embargo, aunque Dios a veces usó la guerra para traer justicia a sociedades y estructuras políticas enteras, esto no significa que juzgó a cada persona específica que formaba parte de ese grupo. Los valores sociales que produjeron estos actos detestables fueron el objetivo de las acciones de Dios. Desafortunadamente, algunas personas inocentes enfrentaron las consecuencias, pero, lamentablemente, esas son las ramificaciones de vivir en un mundo completamente corrompido por la maldad humana. . . Además, el contexto específico de ese período de tiempo único es crucial. En la cultura del antiguo Cercano Oriente, el triunfo en la guerra se asociaba comúnmente con la fuerza del dios de una nación. En consecuencia, la aniquilación de los enemigos de Israel transmitió que el único Dios verdadero de Israel había afirmado su poder y gobierno sobre los dioses falsos de otros grupos.[39]

Nuevamente, se nos recuerda que debemos tener en cuenta que los eventos descritos en la Biblia tuvieron lugar en momentos específicos de la historia humana. Debemos leer los textos en su contexto histórico. La historia nos cuenta que algunos de estos pueblos antiguos estaban cometiendo actos de salvajismo, como sacrificar niños. Un ejemplo análogo más moderno se puede encontrar en el uso de la guerra para detener el genocidio nazi.

También es preciso e importante recordar que la Biblia a menudo es descriptiva, no prescriptiva. La Biblia puede describir el asesinato, la mentira o el robo sin recomendar que modelemos esas acciones. No todos los libros, capítulos o versículos dan un ejemplo moral de cómo debemos vivir nuestras vidas hoy, aunque eso no quiere decir que no podamos aprender de cada uno.

Los cristianos creen que cada parte de la Biblia revela más sobre el carácter de Dios, más sobre su obra en el mundo y más sobre su plan final para la redención y restauración del mundo. Esto significa que no podemos ignorar estos pasajes difíciles ni perder de vista la historia más amplia que cuentan las Escrituras. A lo largo de la Biblia, Dios extiende compasión, gracia, misericordia y paciencia a la humanidad. Una y otra vez en el Antiguo Testamento vemos a Dios mostrar misericordia a las personas y naciones que se arrepintieron de sus malas acciones. Lo vemos retener el juicio justo durante varias generaciones, dando a las personas la oportunidad de "obtenerlo". Y en el Nuevo Testamento, Jesús deja claro que el mensaje de Dios es de amor y perdón.

Cuando nos encontramos con versículos que nos ofenden o nos hacen sentir incómodos, además de abordarlos con cuidadosa erudición, en última instancia, tenemos que tomar una decisión sobre cómo los tomaremos en serio, qué tipo de papel desempeñarán en nuestras vidas y cómo impactarán nuestra fe. Para el cristiano lo mejor que puede hacer es referirse a la persona de Jesús. ¿Cómo veía Jesús la violencia? Ordenó que sus seguidores pusieran la otra mejilla, resistiendo la violencia cuando fuera posible, dejando espacio para la justa indignación al ver la injusticia.[40] ¿Cómo trató Jesús a las mujeres? Las respetó y cuidó de ellas como valiosas y amadas hijas de Dios. De hecho, inmediatamente después de la resurrección, Jesús no se apareció a ninguno de los Doce Apóstoles. La primera persona que vio a Jesús resucitado fue una mujer: María Magdalena. ¿Y después de eso? Tres mujeres más: María, la madre de Santiago, Salomé y Juana estuvieron entre las primeras personas que vieron a Jesús, y su importante papel está registrado en la Biblia.[41]

En el corazón de la fe cristiana está Jesús, y sus palabras y acciones sirven como la máxima guía estrella para el cristiano. Cuando se le preguntó cuál de los mandamientos de las Escrituras era el mayor, Jesús respondió con confianza y franqueza: "Amarás al Señor tu Dios con todo tu corazón, y con toda tu alma, y con toda tu mente". Este es el primer y el mayor mandamiento. Y el segundo es semejante: 'Ama a tu prójimo como a ti mismo'. Toda la Ley y los profetas se aferran a estos dos mandamientos".[42] Es decir, la totalidad de la Escritura depende de estos dos mandamientos: Ama a Dios. Ama a los demás. El hecho es que la Biblia es muy clara en que Dios vino a la tierra a través de Jesús para todo el mundo, independientemente de su origen étnico, género o pasado. El quid de la cuestión se puede resumir en esta frase de Pedro, quien recibió una visión de Dios sobre todo esto: "Ahora comprendo que en realidad para Dios no hay favoritismos, sino que en toda nación él ve con agrado a los que le temen y actúan con justicia".[43]

El Poder Transformador de las Escrituras

Siempre habrá elementos de misterio en torno a la Biblia. Hay cosas que simplemente no sabemos hasta que las sabemos. Cosas que no entendemos hasta que de repente las entendemos. Una noche, estaba en un grupo de discusión con algunas personas, incluido mi amigo Phil, quien se había considerado ateo durante décadas. Como parte de nuestra conversación estábamos leyendo Romanos 10. En un momento Phil dijo abruptamente en voz alta: "Eso es todo. Lo tengo". Una súbita y profunda claridad se apoderó de él, como si Dios le estuviera hablando directamente. Seguimos siendo amigos y he visto cómo su mente, su corazón y su vida se han transformado para mejor desde esa noche.

Esa es solo una anécdota. Phil no es el primero ni el último en experimentar la llegada rápida e inesperada de la comprensión. Como la primera vez que entiendes una nueva ecuación matemática o ese momento en que finalmente le das sentido al manual de instrucciones, la claridad golpea con dulce alivio y tal vez incluso das un grito de alegría. Puede parecer increíble o demasiado simple para ser verdad, pero este mismo fenómeno ha afectado a teólogos, eruditos, educadores, estudiantes. . . e incluso a ti verdaderamente. De acuerdo con cada persona, se siente casi como si el texto capturado dentro de las páginas de la Biblia tuviera un poder sobrenatural. Es como si los versos te estuvieran hablando directamente. Hebreos 4:12 dice: "Ciertamente, la palabra de Dios es viva y poderosa, y más cortante que cualquier espada de dos filos. Penetra hasta lo más profundo del alma y del espíritu, hasta la médula de los huesos, y juzga los pensamientos y las intenciones del corazón." La Escritura está viva y activa.

Leemos en la Biblia que la Escritura es nuestro alimento,[44] nuestra vida,[45] nuestro consuelo,[46] nuestra fuerza,[47] nuestra guía,[48] nuestro deseo,[49] nuestra esperanza,[50] nuestro amor,[51] nuestro gozo,[52] y nuestro tesoro.[53] Sus palabras son como el fuego[54] y cambian vidas". Las Escrituras infunden nuevo aliento,[55] otorgan sabiduría,[56] te llenan de gozo,[57] y te dan fuerza para resistir el pecado.[58] Y el hecho es que estas no son solo promesas vacías. Hay historias detrás de cada una de

: ¿Es la Biblia Confiable?

estas cualidades. Y personas reales detrás de cada una de esas historias. La Biblia misma está llena de historias de héroes inverosímiles y vidas que cambiaron para siempre.

> Dentro de las páginas de la Biblia, un asesino se convierte en un líder, una prostituta en el antepasado de un héroe espiritual, un recaudador de impuestos deshonesto en un benefactor, un chico tímido en un instructor y un fanático religioso insensible en un embajador de la fe. Las mujeres estériles se convierten en madres de hijos importantes; los pescadores cobardes se convierten en portavoces de la reforma; gente con impedimentos pronunciados se convierten en mensajeros de Dios.[59]

El poder transformador de la Palabra de Dios está bien vivo hoy. La Biblia abarca una mezcla bellamente paradójica de variedad y unidad. Sesenta y seis libros escritos durante miles de años por docenas de autores de diferentes lugares en tres idiomas diferentes, utilizando múltiples géneros literarios para cubrir una amplia gama de temas. . . y, sin embargo, la Biblia cuenta una historia unificada. Una historia no solo de pueblos antiguos y tierras lejanas, sino una historia grandiosa y arrolladora de la relación de Dios con la humanidad. Comienza con la creación y termina con la promesa de una restauración completa, una recreación de este mundo, con Dios y su creación viviendo juntos en plena armonía. Al frente y en el centro está Jesús, salvador y Mesías. En última instancia, la Biblia cuenta la historia del amor de Dios por nosotros. Eso significa tú y yo, directa y específicamente. Los cristianos creen que la historia no ha terminado, no está ni cerca.

Notas finales para el Capituló 6
1. Friedrich Paulsen, *Immanuel Kant: His Life and Doctrine*, trad. James Edwin Creighton and Albert Lefevre (New York: Charles Scribner's Sons, 1902), 48.
2. Howard G. Baetzhold and Joseph B. McCullough, eds., *The Bible According to Mark Twain* (Athens, GA: University of Georgia Press, 1995), 227.
3. *La Santa Biblia*, Nueva Versión Internacional © 2011, 2 Reyes 2:24. Referencia a 2 Kings 2:23 para más contexto en esta inusual historia del profeta Eliseo.
4. La Biblia hebrea contiene veinticuatro libros. Están divididos de manera diferente en el Antiguo Testamento protestante, haciendo un total de treinta y nueve libros. Los católicos incluyen los apócrifos, que añaden otros siete libros a su Biblia.
5. Norton Herbst, PhD, "What Is the Bible?" Explora Dios, https://www. exploregod.com/what-is-the-bible. Para obtener descripciones más completas de estos géneros, consulta Gordon D. Fee and Douglas Stuart, *How to Read the Bible for All Its Worth*, 3rd. ed. (Grand Rapids, MI: Zondervan, 2003).
6. J. I. Packer, *God Has Spoken: Revelation and the Bible* (Ada,

: ¿Es la Biblia Confiable?

MI: Baker Academic, 1994), 109.
7. Los números son precisos a partir de octubre de 2017. Consulta "Estadísticas de traducción de la Biblia más recientes" Wycliffe Bible Translators, https://www.wycliffe.org.uk/about/ our-impact/.
8. Leland Ryken, "The Bible as cultural influence," *Washington Times*, 11 de diciembre, 2014, https://www.washingtontimes.com/news/2014/dec/11/ the-bibles-influence-the-bible-as-cultural-influen/.
9. La estela de Merneptah y otras evidencias arqueológicas respaldan el hecho de que, a fines del siglo XIII, los israelitas eran agricultores que estaban relativamente bien establecidos en Canaán. Además, el mismo hecho de que Israel se menciona en la inscripción junto con las principales ciudades-estado indica que era una fuerza importante en la región, lo que nuevamente corrobora la narración bíblica. Para obtener más información, consulte Michael G. Hasel, "Israel in the Merneptah Stela", Bulletin of the American Schools of Oriental Research, no. 296 (noviembre de 1994): 45–61. Sin embargo, algunos eruditos argumentan que "semilla" no se refiere al suministro de granos de Israel sino a la progenie de Israel, lo que significaría que los israelitas probablemente eran pastores, a diferencia de los agricultores asentados que cultivaban.
10. *La Santa Biblia*, 1 Reyes 22:39.
11. Ken A. Kitchen, *On the Reliability of the Old Testament* (Grand Rapids, MI: Eerdmans, 2003), 338.
12. *La Santa Biblia*, Génesis 24:10-64.
13. Ibíd., Génesis 12:1-3.
14. Nelson Glueck, *Rivers in the Desert: A History of the Negev* (New York: Farrar, Strous and Cudahy, 1959), 136. Para más detalle, ver Kenneth A. Kitchen, *On the Reliability of the Old Testament* (Grand Rapids, MI: Wm. B. Eerdman's Publishing Co., 2003).
193. No se han encontrado las *Actas de Poncio Pilato*, pero es

muy poco probable que Justino Mártir solicitara públicamente la consulta de los registros si no estuviera seguro de que existieran.
15. Bart D. Ehrman, *Whose Word Is It?* (London: The Continuum International Publishing Group, 2006), 211.
16. Para obtener una descripción detallada de documentos antiguos específicos y un cuadro que compara los intervalos de tiempo y la cantidad de manuscritos disponibles, consulta Dr. Josh D. McDowell and Dr. Clay Jones, "The Bibliographical Test," actualizado el 13 de agosto, 2014, adaptado de Clay Jones, "The Bibliographical Test Updated," *Christian Research Journal*, vol. 35, no. 3 (2012), https://www.josh.org/wp-content/uploads/Bibliographical-Test-Update-08.13.14.pdf.
17. Ibíd.
18. Bruce M. Metzger y Bart D. Ehrman, *The Text of the New Testament: Its Transmission, Corruption, and Restoration* 4th ed., (New York: Oxford, 2005), 51.
19. Ve *La Santa Biblia*, Génesis 1:11-27.
20. *La Santa Biblia*, Génesis 2:5.
21. Kenneth A. Mathews, *The New American Commentary Volume 1A Genesis 1–11:26* (Nashville: Broadman & Holman Publishers, 1996), 194.
22. Craig Keener, PhD, "A Deeper Look at If the Bible Is Reliable," Explora Dios, https://www.exploregod.com/is-the-bible-reliable-paper. "Según la teoría más aceptada, tanto Mateo como Lucas utilizaron a Marcos como fuente. La comparación muestra que por lo general siguieron a Marcos de cerca, a veces complementando con información de otra fuente compartida. Esta superposición de material se asemeja a lo que encontramos entre otros biógrafos antiguos. Y así como esos biógrafos trataron de depender de fuentes que creían que eran confiables, Mateo y Lucas sin duda consideraron a Marcos como una fuente precisa. Debido a

que escribieron relativamente poco tiempo después de que lo hiciera Marcos, estaban en una buena posición para saber con qué precisión Marcos había seguido sus fuentes (según la antigua tradición, su fuente principal fue Pedro)... En el momento en que Lucas escribe, él sabe de "muchos" relatos escritos acerca de Jesús (Lucas 1:1).... Sin duda, dos años fue tiempo suficiente para que Lucas hiciera lo que afirma haber hecho—confirma muchos de los relatos ampliamente difundidos acerca de Jesús (Lucas 1:4). El hecho de que Lucas pretende confirmar las historias sobre Jesús deja en claro que no las está inventando simplemente; la mayor parte de lo que tenía que decir ya estaba circulando por su día. Eso está claro porque uno normalmente no apela al conocimiento bastante extenso de una audiencia sobre los eventos si, de hecho, la audiencia de uno no tiene tal conocimiento".

23. John A. Frame, *The Doctrine of the Word of God (A Theology of Lordship)* (Phillipsburg, NJ: P&R Publishing, 2010), 184.

24. La tradición dice que la Septuaginta fue traducida por setenta y dos eruditos (seis de cada una de las doce tribus de Israel) quienes tradujeron el texto de forma independiente. Finalmente, todos los eruditos produjeron traducciones idénticas.

25. Para obtener una lista de traducciones específicas al inglés y sus respectivos enfoques de traducción, ve Norton Herbst, PhD, "Why Are There So Many Bible Translations?" Explora Dios, https://www.exploregod.com/bible-translations.

26. "FAQ," Wycliffe Bible Translators, https://www.wycliffe.org.uk/about/faq/.

27. Los eruditos teorizan que los rollos fueron escondidos para su protección por parte de la comunidad local a medida que aumentaban las tensiones entre judíos y romanos. En el año 70 EC, Tito invadió Israel y destruyó el Templo de Jerusalén. Las fuerzas romanas ocuparon la comunidad de

Qumrán, por lo que los rollos permanecieron ocultos hasta que un pastor los descubrió mientras buscaba a su animal perdido.

28. Los arqueólogos examinaron cerámica, monedas, tumbas y ropa; llegaron a un intervalo de fechas del siglo II a.c. al siglo I d.c. Paleógrafos y ortógrafos estudiaron el estilo de escritura y la ortografía y llegó a un rango del siglo III a.c. al siglo I d.c. El radiocarbono demuestra que los rollos van desde el siglo IV a.c. hasta el siglo I d.c.

29. Gleason Archer, *A Survey of Old Testament Introduction*, rev. ed. (Chicago: Moody Press, 2007), 29.

30. Ve *La Santa Biblia*, Isaías 55:8.

31. "Creeds, Early," en *A Dictionary of Early Christian Beliefs* (Peabody, MA: Hendrickson Publishers, Inc, 1998), 181–183.

32. Ibíd., Juan 7:15.

33. Ibíd., Mateo 4:1-11.

34. Para una explicación más detallada, véase el comentario del erudito griego George Knight, quien concluye: "Pablo parece estar diciendo, por lo tanto, que todas las escrituras tienen como fuente el aliento de Dios y que esta es su característica esencial. Esta es otra forma de decir que la escritura es la palabra de Dios (cf. el uso que hace Jesús de 'escritura' y 'palabra de Dios' en oposición entre sí en Juan. 10:35". George W. Knight, The Pastoral Epistles: A Commentary on the Greek Text (Grand Rapids, MI: W. B. Eerdmans, 2013), 447.

35. *La Santa Biblia*, 2 Pedro 1:20-21.

36. Ibíd., 1 Samuel 15:2-3.

37. Ibíd., 1 Corintios 14:34.

38. Norton Herbst, PhD, "Why Did God Murder So Many People?" Explora Dios, https://www.exploregod.com/why-did-god-murder-so-many-people. "Por ejemplo, los amalecitas antes mencionados habían atacado a los israelitas de una manera especialmente atroz. Moisés les recordó a los

israelitas: "Cuando estabais cansados y agotados, [los amalecitas] os salieron al encuentro en vuestro camino y atacaron a todos los que iban rezagados; no temían a Dios" (Josué 6:21). En lugar de hacer la guerra contra el ejército de Israel, los amalecitas atacaron a las mujeres, los niños, los enfermos y los ancianos después de que los soldados y los hombres sanos hubieran pasado. Otras naciones contra las que Israel luchó practicaban el sacrificio de niños, torturaban a los prisioneros de guerra y participaban en actos sexuales perversos contra las mujeres (Deuteronomio 25:17–18)".

39. Marcos 11:15-27 cuenta la historia de la justa indignación de Jesús al ver que los patios del templo eran tratados como un mercado.

40. Los cuatro evangelios coinciden en que María Magdalena fue la primera en ver a Cristo resucitado. Mateo, Marcos y Lucas mencionan a María, la madre de Santiago. Marcos nombra a Salomé, mientras que Lucas menciona a Juana

41. Ibíd., Mateo 22:37-40.

42. Ibíd., Hechos 10:34-35. Un profundo análisis académico, histórico y literario de pasajes aparentemente ofensivos revela armonía con las palabras y el carácter de Jesús. Para más información, ver Walter C. Kaiser, Peter H. Davids, F.R. Bruce, and Manfred Brauch, The Hard Sayings of the Bible (Downers Grove, IL: InterVarsity Press, 2010).

43. Ver *La Santa Biblia*, Deuteronomio 8:3; Mateo 4:4; Jeremías 15:16.

44. Ibíd., Deuteronomio 32:46–47.

45. Ibíd., Salmo 119:50, 52.

46. Ibíd., Salmo 119:28.

47. Ibíd., Salmo 119:105.

48. Ibíd., Salmo 119:20, 40, 131.

49. Ibíd., Salmo 119:43, 74, 81, 114, 137; 130:5.

50. Ibíd., Salmo 119:97, 127, 140, 159, 167.

51. Ibíd., Jeremías 15:16; Salmo 1:1-2; Salmo 119:14, 16, 47-48; Juan 15:11.

52. Ibíd., Salmo 119:72.
53. Ibíd., Jeremías 23:29.
54. Ibíd., Juan 17:17. También ver 1 Tesalonicenses 1:4-5 y Romanos 1:16.
55. Ibíd., Salmo 19:7.
56. Ibíd.
57. Ibíd., Salmo 19:8.
58. Ibíd., Salmo 19:9-11.
59. Creig Marlowe, PhD, "Is the Bible Still Relevant?" Explora Dios, https:// www.exploregod.com/is-the-bible-still-relevant.

Capítulo 7

¿Puedo Conocer a Dios Personalmente?

"¿Por qué cuando hablamos con Dios, se dice que estamos orando, pero cuando Dios nos habla, se dice que somos esquizofrénicos? —Jane Wagner, escrito para Lily Tomlin.

La pregunta de este capítulo me presiona más que cualquiera de las otras, especialmente en los momentos de soledad. Quiero saber si Dios es accesible, personal y relacional. Si Dios está ahí fuera, ¿puedo conectarme con él? Si le hablo, ¿me escucha? ¿Él responde? Parece una locura pensar que podríamos tener una relación con Dios, ¿no es así? Especialmente cuando consideras la base de nuestras relaciones humanas. No podemos ver a Dios o abrazar a Dios o estrechar la mano de Dios. Somos humanos y Dios bueno, Dios es Dios. ¿Qué podríamos ofrecer a Dios? ¿Por qué querría Dios tener algo que ver con nosotros? ¿Alguna vez has luchado con este tipo de preguntas?

Tengo algunos amigos que me dicen que, si alguna vez entraran a una iglesia, el edificio probablemente se prendería en fuego. Piensan que han hecho demasiadas cosas "malas" para que Dios los quiera cerca. Tal vez eres uno de los muchos de nosotros que lleva tanta culpa y vergüenza, a menudo hábilmente cubierta con humor o indiferencia, que sinceramente piensas que estás demasiado lejos para que Dios se conecte contigo. Tienes miedo de que seas irredimible. *Si hay un Dios conocible*, puedes pensar, *definitivamente no soy el tipo de persona que él quiere conocer*. También he tenido personas que me han dicho que tienen miedo de tratar de conocer a Dios por lo que podrían encontrar y cómo eso podría afectarlos. Conocer a Dios puede significar cambiar la forma en que viven sus vidas. La culpa, la vergüenza y el miedo son fuerzas poderosas, ¿no es así?

Pero he experimentado la realidad de una relación personal con Dios. Me he quitado la máscara que a veces me pongo para otras personas, he dejado caer la fachada que hace parecer que sé lo que estoy haciendo y me he deleitado con el dulce alivio de la gracia de Dios para un hombre defectuoso como yo. Hay ciertas cosas sobre mí que no comparto con nadie, a veces ni siquiera con mi esposa. Hay sentimientos desagradables y pensamientos feos dando vueltas en mí. Hay orgullo, apatía y envidia. Desafortunadamente, los esfuerzos que pongo en ocultar esos aspectos de mi carácter construyen barreras que impiden una verdadera conexión. Pero me he dado cuenta de que el Dios de la Biblia quiere derribar esos muros, iluminar todos los lugares oscuros de mi corazón y construir una relación basada en el amor, la verdad y la gracia.

Como lo entienden los cristianos, Dios crea a cada persona con gran cuidado y amor, se preocupa individualmente por cada una de ellas. Debido a que Dios nos aprecia a cada uno de nosotros, anhela que busquemos una relación con él. La Biblia nos dice que Dios se ha estado comunicando con el hombre desde la creación, y nos asegura que permanece accesible y conocible. Dios todavía está involucrado en su creación, y podemos experimentarlo a través de una relación personal.

El Dios Relacional

¿Quién es este Dios? ¿Y por qué quiere tener una relación con nosotros? Los cristianos creen que las respuestas a esas preguntas tienen sus raíces en la Trinidad, este puede ser un concepto difícil de comprender. La doctrina de la Trinidad dice que hay un solo Dios verdadero, y que Dios existe en tres personas distintas: el Padre, el Hijo y el Espíritu Santo.

Los cristianos siempre han mantenido su creencia monoteísta solo en Dios. Pero también afirman que *Jesús* es Dios. Como hemos discutido, los primeros seguidores de Jesús le oraron, le cantaron himnos, lo alabaron y lo adoraron como Dios debido a sus enseñanzas, milagros y resurrección. Los cristianos continúan haciéndolo hasta el día de hoy. Y sin embargo, el mismo Jesús oró a Dios como su Padre.

Habló de Dios el Padre como distinto del Hijo. Además de eso, cuando se acercaba el día de su muerte, Jesús les dijo a sus seguidores: "Y yo le pediré al Padre, y él les dará otro Consolador para que los acompañe siempre: el Espíritu de verdad.[1] Y *luego*, Jesús dejó a sus seguidores con una misión: "Por tanto, vayan y hagan discípulos de todas las naciones, bautizándolos en el nombre del Padre y del Hijo y del Espíritu Santo".[2] Esto es fundamental para la comprensión cristiana de quién es Dios y cómo podemos llegar a conocerlo.

La Trinidad no significa que Dios cambie de forma, prefiriendo unos días ser Padre y otros días elegir ser Hijo. No significa que Dios el Padre esté de alguna manera a cargo de dos seres divinos menores, el Hijo y el Espíritu Santo. No significa que hay tres dioses. ¿Así que, *qué* significa? En última instancia, la Trinidad es un misterio divino que se comprende mejor a través de la fe. Pero, aunque las analogías materiales se quedan cortas, pueden ser útiles para ayudar a comprender este concepto.[3] San Patricio usó el trébol para ilustrar la naturaleza tres-en-uno de Dios: una hoja representa al Padre, otra al Hijo y otra al Espíritu Santo. Tres hojas, un trébol. San Agustín señaló que la mente humana se compone de memoria, entendimiento y voluntad, pero sigue siendo un todo unificado. Cada uno de estos ejemplos intenta demostrar cómo Dios puede ser un ser existente en tres "personas" interdependientes que son igualmente Dios.

Pero hay otra forma de ver la pregunta de la Trinidad, basado en un simple versículo de la Biblia: "Dios es amor".[4] Esto significa que Dios no comenzó a experimentar el amor solo después de que las plantas, los animales y los humanos entraran en escena. Él *es* amor. El teólogo Jonathan Edwards lo explicó de esta manera: "La esencia misma de la realidad de Dios es el amor intratrinitario del Padre, del Hijo y del Espíritu Santo... La única razón posible para que un ser así creara el universo, fue extender ese amor a otros seres imperfectos".[5] Desde esta perspectiva, vemos que Dios creó a la humanidad expresamente para extender el amor—es decir, extenderse a sí mismo—a su creación. Lo que nos ofrece es una relación construida sobre el desbordamiento del amor que existe de forma innata dentro de él. Una y otra vez en las páginas de la Biblia vemos a Dios declarar claramente que su deseo es que seamos su pueblo y que él sea nuestro Dios.[6] Dios estuvo, está y siempre estará en relación a través de las personas de la Trinidad: la relación existe en el centro mismo de Dios. Este es un Dios de relación que nos creó para relaciones amorosas entre nosotros y con él.

Buscando a Dios

Sin embargo, si ese es el caso, ¿por qué a menudo se siente tan difícil encontrar a Dios? Desde el principio de los tiempos los humanos han buscado a Dios. La gente ha hecho esto de varias maneras, pero explorar la religión es un punto de partida natural. Desafortunadamente, Dios no siempre es lo que encontramos cuando revisamos organizaciones religiosas. Con demasiada frecuencia descubrimos personas que profesan su fe con los labios, pero no la viven con sus acciones. Nos enfrentamos a la hipocresía, la indiferencia y la mezquindad. Vemos que la fe se usa como una excusa para tratar a los demás como personas inferiores, o lo experimentamos de primera mano. Cuando una religión incorpora la creencia de que todas las personas fueron creadas a imagen de Dios para ser sus representantes (como lo hace el cristianismo), las acciones de sus seguidores se vuelven mucho más significativas. Y se vuelve aún más decepcionante, disruptivo y dañino cuando esas acciones demuestran una desconexión del carácter de Dios y las creencias que se defienden.

> no es necesario estar en un edificio de iglesia para encontrar a Dios.

En estos casos la religión trata menos de Dios y más de los humanos. La experiencia trata menos de encontrar, conocer y honrar a Dios y más de impresionar o actuar para otras personas. Cuando damos un paso atrás, podemos ver que este tipo de religión es, en gran medida, una construcción humana que oscurece nuestra visión de Dios, en lugar de una fuerza transformadora que nos conecta con Dios y nos

¿Puedo Conocer a Dios Personalmente?

ayuda a aprender quién es. Aunque aprecio el papel invaluable que la iglesia ha jugado en mi vida y en la vida de muchos otros, también sé que no es necesario estar en un edificio de iglesia para encontrar a Dios. Si has probado iglesia tras iglesia y has determinado que simplemente no puedes encontrar a Dios allí, no temas: los cristianos creen que Dios es omnipresente.

Esto significa que Dios existe en todas partes, en todo momento, sin restricciones de tiempo o espacio. El rey David escribió en uno de sus salmos: "Si subiera al cielo, allí estás tú; si tendiera mi lecho en el fondo del abismo, también estás allí. Si me elevara sobre las alas del alba, o me estableciera en los extremos del mar, aun allí tu mano me guiaría".[7] No hay un lugar en particular al que tengas que ir para encontrar a Dios; más bien, no hay un solo lugar al que puedas ir donde *no puedas* encontrar a Dios. Lo creas o no, se puede encontrar a Dios en un bar el sábado por la noche, así como en una iglesia el domingo por la mañana. Pero muchas personas experimentan una conexión con Dios excepcionalmente poderosa e inmensamente conmovedora cuando se unen a otros creyentes en un ambiente de adoración. En Mateo 18:20, Jesús explica el por qué: "Porque donde dos o tres se reúnen en mi nombre, allí estoy yo en medio de ellos". Cuando nos reunimos con otras personas que también están buscando una relación con Dios, Dios está ahí en medio de nosotros.

El Dios que te Busca

Los cristianos creemos que no siempre hemos tenido tantas dificultades para encontrarnos y conectarnos con Dios. Recapitulemos un poco. Al principio, los humanos caminaban con Dios. Hablábamos juntos abiertamente cara a cara. Todo fue como estaba destinado a ser. Pero con un devastador acto de desobediencia, se rompió la coexistencia armoniosa entre Dios y los humanos. El pecado entró en escena y empezamos a escondernos de quien nos hizo. La creación dio paso a la destrucción y fuimos separados de Dios en el mundo, tanto física como espiritualmente. Nada en nuestro poder podrá jamás reparar el daño hecho en ese momento. Desde entonces, cada uno de nosotros ha pecado mucho. Ninguno de nosotros vive consistentemente con nuestros propios estándares morales y mucho menos con los de Dios. No hay nada que una persona pueda hacer para reparar la grieta creada por ese antiguo acto y su legado de arrogancia, falta de respeto y orgullo. Y eso bien podría haber sido el final de todo.

Pero, ¿recuerdas en el capítulo 1 cuando hablamos sobre la búsqueda del rey Salomón para encontrar un propósito? ¿Recuerdas su conclusión en el libro de Eclesiastés? La vida sin Dios no tiene sentido.[7] La búsqueda de cualquier otra cosa (placer, éxito, riqueza) es simplemente "perseguir el viento".[8] Terminarás exhausto, sudoroso y malhumorado, y no

¿Puedo Conocer a Dios Personalmente?

habrás atrapado ni una sola vez la brisa... o una satisfacción duradera. Sin embargo, cuando dejamos de perseguir los vientos de este mundo, descubrimos una hermosa y paradójica verdad: el amor, la gracia, la verdad, el gozo y el propósito *nos* han estado persiguiendo todo el tiempo. Dios no permitió que la historia terminara en tragedia.

Los cristianos creen que Dios todavía está buscando activamente una relación con cada uno de nosotros, una relación construida sobre un amor profundo, permanente y restaurador. En su poema clásico del siglo XIX "El Sabueso del Cielo"(The Hound of Heaven), Francis Thompson describe a Dios como un perro de caza persistente que nos persigue con paso constante y deliberado.[9] Cuando abandonamos nuestra persecución del viento y permitimos que el Sabueso del Cielo nos "atrape", descubrimos que *él* es a quien estamos buscando. Al dejarnos encontrar, podemos recibir el amor divino que sabemos que está perdido. Aunque las imágenes de Thompson pueden parecer extremas o aterradoras, su mensaje es de esperanza, una esperanza que se encuentra en el Dios que ama activa, incondicional y eternamente. Dios no es inaccesible para nosotros, escondido en la cima de una montaña o dentro de un edificio de iglesia en particular. Dios no puso el mundo en movimiento y luego se alejó para ver el espectáculo desde un palco en el cielo. No, Dios está buscando activamente la reconciliación con nosotros. Él nunca se da por vencido en la persecución.

El Dios que Salva

Jesús dice claramente que él "vino a buscar y a salvar a los perdidos".[10] ¿Quiénes son "los perdidos" a quienes se refiere? A todos nosotros. Dios nos ofrece a todos la salvación de la separación tanto en el presente, como en la eternidad. La incómoda realidad es que nunca podríamos hacernos dignos de conocer a Dios. Nunca podríamos llegar a Dios por nuestra cuenta porque no podemos salvar la brecha creada por el pecado. Pero, afortunadamente Dios puede, y lo hizo. Aunque una vez estuvimos separados, ahora podemos reconciliarnos con Dios a través de Jesús. Gracias a Jesús, tenemos la oportunidad de conocer la misericordia, el amor y la gracia de Dios por nosotros mismos. A través de su muerte sacrificial, Jesús abrió el camino para que cada uno de nosotros forme una relación directa y personal con Dios. A través de su resurrección, Jesús venció el pecado y la muerte, derribando las barreras que nos impedían acceder a Dios.

La salvación del pecado y la separación no es algo que podemos ganar, y ciertamente no es lo que merecemos. Nunca podríamos ser "lo suficientemente buenos" para salvarnos de nuestros problemas. El castigo por el pecado es la muerte. Jesús tomó los pecados del mundo sobre sí mismo y murió, tomando también nuestro castigo sobre sí mismo. Él triunfó sobre el pecado y la muerte, y ahora también podemos hacerlo nosotros. No te equivoques: no tuvimos nada que ver con eso. No hicimos nada. Pero como lo entienden los cristianos, si ponemos nuestra confianza en Jesús, somos acreditados con su justicia y redimidos por su sacrificio perfecto. Esto es lo que los cristianos quieren decir cuando dicen cosas como: "Jesús lo pagó todo". La Biblia lo expresa de esta manera: "Al que no conoció pecado, Dios lo hizo pecado por nosotros, para que nosotros fuésemos hechos justicia de Dios en él".[11]

El Dios que Ama

Los cristianos creen que cuando elegimos aceptar el regalo de la salvación, se nos perdonan nuestros pecados y se nos da la bienvenida a una relación con Dios, una relación tan cercana como la de una familia. Como dice el Evangelio de Juan: "Mas a cuantos lo recibieron, a los que creen en su nombre, les dio el derecho de ser hijos de Dios".[12] De hecho, Jesús les dijo a sus seguidores que oraran a Dios diciendo: "Padre nuestro que estás en los cielos".[13] De muchas maneras a lo largo de la Biblia, se nos muestra que Dios es el padre de su pueblo. Él nutre, protege y apoya. Una y otra vez, los guía hacia un futuro mejor, entregando mensajes de verdad a través de personas, profetas y finalmente, su Hijo. Y como la mayoría de los padres, lo que Dios más quiere de nosotros es que aceptemos su amor, vivamos en la luz y la verdad, y compartamos ese amor con los demás.

Como muchas personas, descubrí que convertirme en padre me cambió radicalmente mi comprensión de Dios. De repente me enfrenté a un amor tan profundo y devorador que a veces me dolía. Mis hijos no habían hecho nada para ganarse ese amor (y nunca pudieron). Por esa razón, nunca podrían perderlo. El amor vino de dentro de mí. Lo mismo es cierto de Dios el Padre. Si esa no ha sido tu experiencia con tu padre, consuélate con las palabras de Jennie Allen: "A veces, los padres terrenales esperan que obtengamos su aprobación. Pero Dios no funciona de esa manera".[14]

Sin embargo, quiero reconocer que ciertamente hay momentos en los que parece que Dios no nos ama, en lo más mínimo. Cuando pierdes una relación, un trabajo o tu salud, es posible que no te sientas nutrido, protegido, o apoyado. Todos sabemos que el dolor y el sufrimiento son hechos de esta vida. Pero los cristianos también saben que esos tiempos son temporales. ¿Recuerdas lo que dijimos en el capítulo 3 sobre el plan de Dios para la redención? En los "cielos nuevos y tierra nueva" prometidos por Dios, el dolor y el sufrimiento dejan de ser.[15] "La morada de Dios [será] entre el pueblo, y él morará con él'. Enjugará toda lágrima de sus ojos. No habrá más muerte', ni llanto, ni dolor, porque el antiguo orden de cosas [habrá] pasado".[16] Según la

¿Puedo Conocer a Dios Personalmente?

Biblia, vislumbramos lo que vendrá para el mundo en la resurrección de Jesús: la reversión de la muerte y la liberación de la corrupción. Esto es lo que finalmente sucederá a lo largo de la creación. Como dijo C. S. Lewis, el cielo "obrará hacia atrás y convertirá incluso esa agonía en gloria".[17]

El Dios que Podemos Conocer

Pero, ¿qué podemos hacer para aprender más acerca de quién es Dios y lo que puede querer para nuestras vidas aquí y ahora? Así como aumentamos nuestra conexión con las personas con las que elegimos pasar nuestro tiempo, llegamos a conocer a Dios al pasar tiempo intencional en su presencia. Con intencionalidad, vulnerabilidad y compromiso podemos fortalecer y profundizar nuestra relación con Dios.

Conocer a Dios a través de la Oración

Ninguna relación puede florecer si las dos partes no hablan entre sí. Y esencialmente, eso es todo lo que es la oración: hablar con Dios. ¿Se puede sentir raro cuando comienzo? Absolutamente. ¿Puedes sentirte tonto a veces, incluso si has estado orando durante años? Seguramente. ¿Vale la pena? Indudablemente. La Biblia está llena de oraciones de hombres y mujeres hablando con Dios sobre todo tipo de cosas. Hay oraciones de alabanza y acción de gracias por lo que

Dios ha hecho. Hay oraciones de lamentación y confesiones de sentirse abandonado, temeroso y ansioso. Hay oraciones de contrición, pidiendo a Dios el perdón de los pecados. En el centro de todos ellos hay un concepto sorprendentemente simple: comunicación deliberada y honesta con Dios. ¿Pero es realmente tan fácil?

Resulta que lo es. Puedes sentir que necesitas hacer algo especial para hablar con Dios: encender una vela, tocar algunos himnos o ponerte tu mejor ropa de domingo. Pero la verdad es que no *necesitas* hacer nada más que abrir la boca y hablar (o pensar en silencio, escribir en un diario o cantar). No serás calificado por las palabras que elijas. No serás interrogado sobre versículos de la Biblia. No serás juzgado por lo que hay en tu corazón. El hecho es que Dios ya conoce los asuntos de tu corazón. Él sabe con qué estás luchando, qué te deprime y qué te emociona. Quiere que compartas eso *con* él por tu propia voluntad, no por obligación, sino por un deseo sincero de conexión verdadera.

Puedes hablarle a Dios exactamente como le hablarías a un padre, amigo o cónyuge. No hay palabras mágicas. No es necesario que haya ninguna formalidad. Pero si te resulta abrumador comenzar a hablar de la nada, considera volver a leer las oraciones en la Biblia. Todo el libro de los Salmos se compone de oraciones de alabanza, petición y duelo. O puedes leer al propio Jesús

¿Puedo Conocer a Dios Personalmente?

en las oraciones del libro de Juan.[18] No hay nada de malo en comenzar con las oraciones escritas por quienes te precedieron, siempre y cuando las palabras de la oración se entrelacen con las verdades de tu corazón. De lo contrario, como C. S. Lewis dijo: "Un equipo de loros debidamente entrenados serviría tan bien como hombres".[19] Si no compartimos la realidad —buena, mala y fea— de lo que está pasando en nuestras mentes y corazones, hemos atrofiado la relación. La intimidad no puede florecer sin honestidad.

Pero como en cualquier relación, no podemos simplemente hablar. También tenemos que escuchar. Imagina que eres amigo de alguien que con una honestidad brutal y una vulnerabilidad inspiradora te hablara sobre todo lo que sucede en su vida, que te compartiera sus luchas, desnudara su alma y te preguntara qué debería hacer, y al final, simplemente se alejara sin molestarse en escuchar tu respuesta. ¿Considerarías que es una relación sana? Por supuesto que no.

Ahora, cuando digo que te detengas y escuches a Dios para responder tus oraciones, no quiero decir que escucharás una voz resonando desde los cielos (aunque, oye, ¡todo es posible!). Estoy hablando de algo mucho más sutil. El pastor Hugh Halter ofrece este consejo:

> Una cosa que me ha ayudado, sinceramente, es preguntarle cosas y luego estar callado y ver qué entra en mi corazón y en mi mente. Pregúntale

cosas específicas. Quizás detente después de preguntarle algo y ve si él te responde, si alguna impresión llega a tu corazón; cuando ocurra, trata de actuar en consecuencia, creo que, si haces esas cosas, en realidad comenzarás a ver que Dios se está relacionando contigo. Se está comunicando contigo y aparecerá en tu vida.[20]

Al igual que en nuestras relaciones humanas, habrá momentos en los que nos sentiremos más cerca de Dios que en otros momentos. La mayoría de los cristianos experimentan temporadas en las que sienten que no se están conectando en oración con Dios. Incluso la Madre Teresa escribió que no había sentido la presencia de Dios en su vida durante más de cincuenta años: "El silencio y el vacío es tan grande que miro y no veo, oigo y no escucho".[21] Y, sin embargo, ella no abandonó su fe. Ella continuó confiando en la promesa de Dios. Es más fácil decirlo que hacerlo, pero podemos seguir su ejemplo, manteniendo la fe en que Dios está escuchando (aunque a veces lo dudemos). De esta manera, podemos superar esos tiempos secos hasta que entremos en una temporada de conexión más profunda.

Pero vienen tiempos aún más difíciles cuando desesperadamente le pedimos a Dios algo importante para nosotros y él no actúa en nuestro nombre. Cuando oramos por algo como la sanidad de un ser querido, y Dios no sana, eso realmente puede sacudirnos. Si nuestras oraciones no cambian el resultado de una situación, ¿cuál es el sentido de todo esto? ¿Realmente importa? La respuesta cristiana es sí, definitivamente. Sabemos por la Biblia que Dios se preocupa por nosotros y escucha nuestras oraciones, pero eso no significa que nos dé todo lo que le pedimos. Así como un padre no siempre puede darle a su hijo lo que quiere, Dios el Padre no siempre puede decirles a sus hijos que sí. Nos guste o no, lo entendamos o no, el conocimiento de Dios supera tanto al nuestro, que nunca podremos entender completamente por qué suceden las cosas como suceden.

Tampoco pretendemos usar la oración solo para hacer pedidos a Dios o influir en su voluntad. La oración también está destinada a influirnos. La oración continua del cristiano no pretende ser una acción vacía, una casilla para marcar en algún tipo de lista de tareas pendientes de crecimiento espiritual.[22] Es un estilo de vida, uno que con el tiempo transforma corazones, mentes y espíritus. Cuanto más hablamos con Dios, más se nos revela su carácter. A medida que conocemos a Dios más íntimamente, crecemos y nos parecemos cada vez más a Cristo. Como resultado de ese crecimiento, a menudo podemos ver cada vez más la forma en que Dios ha estado obrando en nuestras vidas, incluso cuando parecía que una oración no había sido respondida.

Conociendo a Dios a través de las Escrituras

Una de las mejores maneras de conocer a las personas es saber quiénes son, qué han hecho y qué planean para el futuro. Es válido lo mismo para llegar a conocer a Dios. Afortunadamente la Biblia nos ofrece la oportunidad de hacer precisamente eso. Si la Biblia cuenta la historia de la relación de Dios con la humanidad, no hay mejor lugar al que acudir cuando se trata de desarrollar su propia relación personal con Dios. Cuando lees la Biblia encuentras las palabras de Dios para la audiencia original, sí, pero también estás descubriendo, directa e individualmente, las palabras de Dios *para ti*. De manera cautivadora las páginas de la Biblia pueden revelar verdades particulares que se relacionan directamente con luchas y triunfos específicos en tu vida.

Tal vez sientas que la historia de los israelitas vagando por el desierto o la cronología de la creación del mundo no se aplican a tu vida actual, pero entretejida en cada palabra está la verdad trascendental y la luz viva con la que Dios quiere llenar tu vida y tu corazón. "De hecho, todo lo que se escribió en el pasado se escribió para enseñarnos, a fin de que, alentados por las Escrituras, perseveremos en mantener nuestra esperanza".[23] El hecho es que la Biblia no fue escrita solo para informar sino también para *transformar*.

Cuanto más tiempo pasamos sumergiéndonos en las páginas de la Biblia, más vemos el verdadero

¿Puedo Conocer a Dios Personalmente?

estado de nuestro corazón y mente reflejados en nosotros. Como dijo Paul Tripp: "La Biblia, por su propia naturaleza, es reveladora del corazón".[24] Desde la forma en que nos sentimos mientras leemos (defensivos, inspirados, incómodos, llenos de esperanza) hasta la forma en que somos convencidos de cambiar (liberar la amargura del pasado, buscar a Jesús de manera más intencional, extender la gracia a los demás), las verdades de la Biblia tienen el potencial para cambiarnos de adentro hacia afuera. Como escribe Matt Smethurst: "Entre otras cosas, debemos acercarnos a las Escrituras con humildad,[25] reverencia,[26] desesperación,[27] gozo,[28] expectación,[29] obediencia,[30] y con frecuencia[31]".[32] Cuando preparamos nuestros corazones y mentes de esta manera, nuestros pensamientos, nuestras intenciones y los deseos secretos que albergamos se revelan ante nosotros a medida que leemos y aplicamos las Escrituras. Al combinar la oración y la lectura de las Escrituras puedes descubrir que "escuchas" percepciones del Espíritu Santo que se conectan directamente con lo que estás pasando en este momento.

Si no estás seguro por dónde empezar, considera uno de los evangelios, los libros de Mateo, Marcos, Lucas y Juan hablan de la vida, las enseñanzas, la muerte y la resurrección de Jesucristo. Podrías comenzar con Marcos, el más corto y antiguo de los evangelios. O puedes comenzar con el libro de Juan, que tiene una inclinación más reflexiva y poética que los otros libros. Después de leer sobre la vida de Jesús, considera pasar al libro de los Hechos. Hechos detalla los comienzos de la Iglesia primitiva y sigue a los Apóstoles mientras comparten el evangelio con el mundo. Los evangelios y los Hechos de los Apóstoles constituyen el fundamento de la fe cristiana. A partir de ahí, puedes explorar las cartas de Pablo o puedes retroceder para sumergirte en los Salmos.

Dondequiera que elijas comenzar, es imperativo que empieces tu tiempo de lectura de las Escrituras no con una agenda propia sino con la intención de escuchar. No estás buscando justificar tus acciones o validar tus sentimientos. Estás buscando descubrir la Palabra de Dios para ti, escucharlo (tal vez no audiblemente) hablarte a través de *sus* palabras para todos. Si puedes hacer esto, entonces puedes descubrir que, a medida que lees, comienzas a "conocer verdades que no sabías antes" sobre ti, Dios, tu relación con Dios e incluso tus relaciones con los demás.[33]

Conocer a Dios a través de la Comunidad

Una verdad ineludible sobre los humanos es que fuimos creados para necesitar y existir dentro de la comunidad. Una de las primeras cosas que vemos que Dios dice acerca de nosotros es: "No es bueno que el hombre esté solo".[34] Estar en relación con los demás nos ayuda a vernos a nosotros mismos bajo una luz más verdadera y nos ayuda en nuestro viaje de crecimiento personal. Todo tipo de personas, no solo aquellas con las que nos llevamos bien sino también las personas que encontramos molestas, difíciles o exasperantes, pueden refinar nuestro carácter y provocar un cambio positivo en nuestro corazón.

Jesús nos enseña cómo tratar a los demás y cómo hacer crecer nuestra fe.[35] No sorprende que ninguno de estos se pueda aprender bien por nuestra cuenta. La comunidad ofrece una responsabilidad natural, una protección contra la soledad, una fuente constante de aliento e inspiración, y un sistema de apoyo integrado. Las comunidades cristianas se construyen alrededor del evangelio; por lo tanto, el objetivo final de una comunidad cristiana es llevar a cada miembro a una comprensión más profunda del amor de Dios a través de la persona de Jesucristo. Es por eso que la iglesia puede ser tan instrumental en el crecimiento espiritual. "La Iglesia", dice John Tyson, "cuando funciona correctamente, brinda a las personas un encuentro tangible de lo que se siente ser amado por Jesús".[36]

Tengo curiosidad. ¿Qué imaginas cuando escuchas la palabra "iglesia"? ¿Un edificio con un campanario, vidrieras y bancos incómodos? ¿Un complejo en expansión con aulas, centros de adoración y un estacionamiento? ¿Un cine? ¿Una cafetería? ¿Un jardín? El hecho es que la Iglesia —con *I* mayúscula— tiene poco que ver con la estructura física, y todo que ver con la gente. Tanto es así que dentro de la teología cristiana, la Iglesia, el grupo colectivo de creyentes, es conocida como el cuerpo de Cristo. Pablo lo explicó así a las iglesias primitivas: "Pues, así como cada uno de nosotros tiene un solo cuerpo con muchos miembros, y no todos estos miembros desempeñan la misma función, también nosotros, siendo muchos, formamos un solo cuerpo en Cristo, y cada miembro está unido a todos los demás".[37] "Si uno de los miembros sufre, los demás comparten su sufrimiento; y, si uno de ellos recibe honor, los demás se alegran con él".[38] Los cristianos están destinados a vivir en una comunidad tan profunda unos con otros que funcionan como un todo unido. La comunidad cristiana está destinada a estar compuesta por una gran variedad de personas con una gran variedad de habilidades, "para que el cuerpo de Cristo sea edificado hasta que todos lleguemos a la unidad en la fe y en el conocimiento del Hijo de Dios y maduren, alcanzando toda la medida de la plenitud de Cristo".[39]

Aquí es donde las cosas pueden ponerse un poco incómodas. Para llegar a ser espiritualmente maduros, tenemos que enfrentarnos cara a cara con nuestro propio pecado. Y nos guste o no, ese pecado es asunto de toda la comunidad. Antes de continuar, permítanme ser perfectamente claro en lo que quiero decir. La Iglesia no es y nunca tuvo la intención de ser

¿Puedo Conocer a Dios Personalmente?

un lugar para avergonzar, señalar con el dedo, culpar a las víctimas, chismear o juzgar. Las palabras y acciones de los miembros del cuerpo de Cristo entre sí deben fluir desde un lugar de verdad, gracia y amor. Según la Biblia, la Iglesia está destinada a ser una comunidad de confesión, rendición de cuentas, aliento, represión y amor. "Hermanos, si alguien es sorprendido en pecado, ustedes que son espirituales deben restaurarlo con una actitud humilde. Pero cuídese cada uno, porque también puede ser tentado. Ayúdense unos a otros a llevar sus cargas, y así cumplirán la ley de Cristo".[40]

Pocas cosas son más difíciles que confrontar a un ser querido por un pecado o una herida; comprensiblemente somos reacios a hacerlo. Tememos la respuesta: retribución, rechazo, incluso rabia. Y sin embargo, la Biblia insiste en que abordemos estos problemas de frente: "Si tu hermano peca contra ti, ve a solas con él y hazle ver su falta".[41] ¿Ve y señala su culpa? Eso no suena como que será bien recibido, ¿verdad? Pero los riesgos de ignorar este consejo son demasiado grandes. Cuando se permite que se agrave sin control, el pecado arraiga en todas las áreas de nuestra vida corrompiendo, contaminando y envenenándonos a nosotros, y a quienes nos rodean. Practicando la represión amorosa, promoviendo una confrontación amable y animándonos unos a otros a arrepentirse (o alejarse) del pecado, una comunidad puede crear una cultura de aceptación y gracia. Esto permite que los miembros sean honestos, abiertos y transparentes con sus luchas. Solo con este tipo de cultura se puede seguir la guía de Santiago: "Por eso, confiésense unos a otros sus pecados, y oren unos por otros, para que sean sanados".[42]

¿Qué significa confesar? La confesión es simplemente articular lo que está mal. A partir de ahí, es responsabilidad de la comunidad ofrecer apoyo activo, aliento, responsabilidad, amor y verdad para que el confesor encuentre en Dios la sanación y restauración. Y cuando otros ven a alguien luchando con el pecado y volviéndose en fe hacia Dios, se les modela un crecimiento espiritual positivo. Y así continúa el ciclo saludable de confesión, ánimo, arrepentimiento y sanación mientras la comunidad trabaja para crear más oportunidades para conocer a Dios, practicar las enseñanzas de Jesús y crecer espiritualmente. Por eso, a pesar de las fallas (y reconozco que hay muchas), la comunidad eclesial sigue siendo uno de los ambientes más sólidos para un cambio espiritual positivo y duradero.

Pero tal vez tu o tus amigos no se sientan listos para ir a la iglesia. Tal vez hayas asistido a una iglesia anteriormente, hayas tenido una mala experiencia y aún no estés dispuesto a volver a intentarlo. Está bien. Hay muchas maneras de establecer una comunidad.

¿Puedo Conocer a Dios Personalmente?

Los cristianos han estado creciendo juntos en comunidades más pequeñas desde que han estado siguiendo a Jesús. De hecho, la mayoría de las primeras iglesias cristianas estaban compuestas por grupos que se reunían en los hogares de los demás para aprender más acerca de Jesús. En los siglos diecisiete y dieciocho, las iglesias comenzaron a organizar grupos pequeños específicamente para ayudar a las personas a crecer en su caminar con Jesús. Hace tiempo que se reconoce el valor de los grupos pequeños. Hoy en día, muchas iglesias ofrecen grupos pequeños sin requisitos de asistencia a la iglesia.[43]

¿Te parece que un grupo pequeño es demasiado intimidante en este momento? ¡No hay problema! Mira a la gente que te rodea. Ten en cuenta sus actitudes y comportamientos. ¿A quién ves que persigue continuamente el crecimiento espiritual a través de su relación personal con Dios? ¿A quién conoces que modele regularmente un comportamiento como el de Cristo? ¿Qué características o hábitos demuestran que te gustaría desarrollar dentro de ti? Pídeles que te ayuden a llegar allí. Los mentores espirituales pueden ser un recurso invaluable mientras trabajamos para hacer crecer nuestra relación con Dios. Encuentra una persona con quien puedas leer la Biblia, orar, compartir tus luchas o incluso hablar sobre este libro. Recuerda, Jesús dijo: "Porque donde dos o tres se reúnen en mi nombre, allí estoy yo en medio de ellos".[44]

Amar a Dios a Cambio

Dios deja en claro que esta relación está destinada a ser mutua. Él ha dado, está dando y continuará dándote todo su amor, y quiere lo mismo de ti. Jesús dijo claramente que necesitamos invertir en nuestra relación con Dios con todo lo que tenemos: "Ama al Señor tu Dios con todo tu corazón, con todo tu ser y con toda tu mente".[45] Francamente no es diferente a la forma en que nosotros mismos queremos ser amados.

Amar a Dios con todo tu corazón significa compartir tu corazón con él. Divulga tus sueños secretos, tus esperanzas tranquilas, tu regocijo ruidoso. Háblale de tu gratitud y alegría. Pero también confiesa cuando estés abrumado, decepcionado y sin esperanza. Admite cuando estás celoso y cuando estás enojado, incluso si Dios es quien en primer lugar te hizo enojar. Pide disculpas cuando hayas cometido un error y mantén tu corazón abierto a sus verdades y perdón.

Amar a Dios con toda el alma significa dedicarle la vida. Acude a él cuando te preguntes qué hacer y cómo gastar tu dinero, tu tiempo y tus talentos. Invítalo a que ilumine tu vida para mostrarte cómo vivir de una manera que traiga gloria a Dios. Guarda esas verdades en lo profundo de la médula de

¿Puedo Conocer a Dios Personalmente?

tu ser y esfuérzate por vivir sus mandamientos en la fe. Dedícate a recibir y compartir el amor de Dios. Amar a Dios con toda tu mente significa llenarla de una fuente profunda de conocimiento acerca de quién es Dios y qué quiere para tu vida. Sumérgete en la búsqueda de la comprensión. Da la bienvenida a la curiosidad y disponte a profundizar más. No tengas miedo de hacer preguntas, desafiar y luchar con tus órdenes y tus creencias. El verdadero crecimiento viene con dolores de crecimiento. Busca las respuestas. *Estudia* sus palabras, no te limites a leerlas, realmente estudia lo que se dice. Toma una clase. Pide orientación. En todo momento esfuérzate por considerar "bien todo lo verdadero, todo lo respetable, todo lo justo, todo lo puro, todo lo amable, todo lo digno de admiración, en fin, todo lo que sea excelente o merezca elogio".[46]

Amar a Dios con todas tus fuerzas significa luchar por tu relación todos los días. Persevera en tus esfuerzos por priorizar el tiempo que pasas con Dios. Mantente firme en medio de los desafíos, en medio del dolor, en medio de la confusión. Disponte a estirarte, cambiar y crecer. Hazte responsable. Mantente honesto contigo mismo, con Dios y con tu comunidad. Levántate cuando te caigas, siempre.[47]

El Dios que Será Encontrado

Pero por supuesto nada de esto significa que

nunca más tendrás dudas, luchas o preguntas. Como en toda relación, hay elementos de misterio, fe y riesgo. He conocido a Dios durante la mayor parte de mi vida y tengo una confianza segura en su existencia, su presencia en mi vida y su amor por mí. Pero todavía tengo preguntas. Todavía me pregunto por qué las cosas son como son. Todavía lucho por comprender. Y todavía, porque sé que Dios es un Dios bueno y amoroso, puedo confiar en él.

Recientemente pasé mucho tiempo solo en las montañas, lidiando con Dios y algunas de esas cosas que no entiendo. Mientras estuve allí, Dios me habló de una manera muy personal, asegurándome su amor incondicional e inagotable por mí. Independientemente de mis logros y fracasos, aparte de si he sido "lo suficientemente bueno" (que nunca podría ser) o una "mala persona", su amor por mí sigue siendo firme. No soy muy llorón, pero fue una experiencia tan emocionalmente real que no pude evitar que se me salieran las lágrimas. Lágrimas de alegría, gratitud y humildad brotaron de lo más profundo de mí porque mi corazón estaba lleno de un amor más allá de mi total comprensión.

Ese amor impresionante que salva vidas no está disponible solo para mí. No es un trato especial que viene con ser pastor. Dios promete a todos: "Me buscarán y me encontrarán cuando me busquen de todo corazón. Me dejaré encontrar".[48] La invitación permanente para entrar en una relación personal con Dios está abierta para todos nosotros. Te animo a que lo explores por ti mismo.

Notas finales para el Capituló 7
1. *La Santa Biblia,* Nueva Versión Internacional © 2011, Juan 14:16–17.
2. Ibíd., Mateo 28:19.
3. Para una mirada teológica más profunda a la Trinidad, ver Millard J. Erickson, *Making Sense of the Trinity: Three Crucial Questions* (Grand Rapids, MI: Baker Academic, 2000).
4. *La Santa Biblia,* 1 Juan 4:16.
5. George Marsden, *Jonathan Edwards: A Life* (New Haven: Yale University Press, 2003), 191, 443.
"Intratrinitario" es un término usado para referirse a las relaciones entre las personas de la Trinidad.
6. Ver *La Santa Biblia,* Éxodo 6:7; Levítico 26:12; Jeremías 7:23, 11:4, 30:22; Ezequiel 36:28.
7. *La Santa Biblia,* Salmo 139:8-10.
8. Ibíd., Eclesiastés 2:11.
9. Echa un vistazo a estas líneas: "Huí de Él, por las noches y por los días; / Le huí, por los arcos de los años; / Huí de Él, por los caminos laberínticos / De mi propia mente; y en la niebla de las lágrimas / me escondí...De esos Pies fuertes que siguieron, siguieron después. / Pero con persecución sin prisa, / Y ritmo imperturbable, velocidad deliberada, instancia majestuosa, / Vencieron. Ahora de esa larga persecución / Viene a la mano el soplo; / Que la voz me rodea como un mar que estalla:

'¿A quién encontrarás para amar? innoble, / sálvame, sálvame sólo a mí? ¡Levántate, toma Mi mano y ven! ¡Yo soy Aquel a Quien tú buscas!'" Francis Thompson, "The Hound of Heaven," en D. H. S. Nicholson and A. H. E. Lee, eds., *The Oxford Book of English Mystical Verse* (Oxford: The Clarendon Press, 1917). Publicado en noviembre 2000 por Bartleby.com.

10. *La Santa Biblia*, Lucas 19:10.
11. Ibíd., 2 Corintios 5:21.
12. Ibíd., Juan 1:12.
13. Ibíd., Mateo 6:9.
14. Jennie Allen, *Nothing to Prove: Why We Can Stop Trying So Hard* (Colorado Springs, CO: WaterBrook, 2017), 33.
15. *La Santa Biblia*, Apocalipsis 21:1.
16. Ibíd., Apocalipsis 21:3-4.
17. C. S. Lewis, *The Great Divorce* (London: Macmillan, 1946), 64.
18. *La Santa Biblia*, Juan 17.
19. C. S. Lewis, *The World's Last Night and Other Essays* (San Diego, CA: Harvest/HBJ, 1960), 6.
20. Hugh Halter in "God and Prayer," Explora Dios, https://www.exploregod. com/god-and-prayer-video.
21. David Van Biema, "Mother Teresa's Crisis of Faith" *Time*, 23 de agosto, 2007.
22. Ver *La Santa Biblia*, 1 Tesalonicenses 5:16-18.
23. *La Santa Biblia*, Romanos 15:4.
24. Timothy Lane y Paul Tripp, *Helping Others Change* (Greensboro, NC: CCEF/Punch Press, 2005), 2.7.
25. *La Santa Biblia*, Isaías 66:2.
26. Ibíd., Salmo 138:2.
27. Nuestra vida espiritual se inicia (Santiago 1:18 y 1 Pedro 1:23) y se sostiene (Mateo 4:4) por las palabras de Dios. Son un asunto de vida o muerte (Deuteronomio 32:46-47). El Salmo 119 muestra el anhelo humano por la

¿Puedo Conocer a Dios Personalmente?

revelación de Dios (ver especialmente los versículos 10, 20, 31, 40, 81, 123, 131 y 174)
28. *La Santa Biblia*, Salmo 1:1–2; Jeremías 15:16; Juan 15:11.
29. Cuando los cristianos se acercan a la Biblia correctamente (no "perfectamente") pueden esperar consuelo y fortaleza (Salmo 119:28, 50, 52, 76, 107); aliento y esperanza (Romanos 15:4); guía (Salmo 119:105); seguridad (1 Juan 5:13), y transformación (Juan 17:17).
30. *La Santa Biblia*, Santiago 1:22; 1 Juan 2:4–5; Salmo 119:4–5, 10, 34, 59–60, 100, 133, 136, 146, 158, 166–68.
31. Ibíd., Salmo 119:97, 147-48; Colosenses 3:16.
32. Matt Smethurst, "How to Study the Bible," Explora Dios, https://www. exploregod.com/explore/articles/how-to-study-the-bible.
33. Angie Smith in "Can I Know God Personally?" Explora Dios, https://www. exploregod.com/can-i-know-god-personally-video.
34. *La Santa Biblia*, Génesis 2:18.
35. Chris Morton, "Five Reasons a Small Group Will Help You Grow," Explora Dios, https://www.exploregod.com/five-reasons-a-small-group-will-help- you-grow.
36. Jon Tyson in "God and Community," Explora Dios, https://www. exploregod.com/god-and-community-video.
37. *La Santa Biblia*, Romanos 12:4-5.
38. Ibíd., 1 Corintios 12:26.
39. Ibíd., Efesios 4:12-13.
40. Ibíd., Gálatas 6:1–2.
41. Ibíd., Mateo 18:15. Pablo nos instruye sobre cómo escalar el problema desde allí si continua.
42. Ibíd., Santiago 5:16.
43. También puedes encontrar o iniciar tu propio grupo de discusión Explora Dios en my.ExploreGod.com.

44. Ibíd., Mateo 18:20.
45. Ibíd., Mateo 22:37.
46. Ibíd., Filipenses 4:8.
47. La estructura de esta sección se basa en el artículo de Ella Hearrean "How to Love God," Explora Dios, https://www.exploregod.com/how-to-love-god.
48. *La santa Biblia*, Jeremías 29:13-14.

Conclusión

Nunca Dejes de Explorar

"Dentro de veinte años, estarás más decepcionado por las cosas que no hiciste que por las que hiciste. Así que suelta las amarras. Navega lejos del puerto. Atrapa los vientos alisios en tus velas. Explora. Sueña. Descubre". — Madre de H. Jackson Brown Jr.[1]

Es probable que ya hayas notado que disfruto hacer caminatas en las montañas. Como ya sabes, muchos de mis mejores momentos con Dios han ocurrido en las montañas, por lo que ocupan un lugar especial en mi vida. Pero mi esposa se burla de mí con frecuencia cuando hacemos caminatas juntos, y por una buena razón. A menudo quiero ver qué hay al otro lado de la colina. "Vayamos un poco más allá y veamos qué hay para ver", digo. Sólo que siempre hay otra colina por delante. Y en la cima de cada colina hay otra hermosa vista que quiero ver. Si no tuviera a Tamara recordándome que eventualmente tenemos que caminar todo el camino de regreso a donde empezamos, podría seguir subiendo colina, tras colina, tras colina, en un vano intento de satisfacer mi curiosidad. Aunque sé que nunca podría escalar lo bastante o lo suficiente como para "ver completamente todo lo que hay para ver".

Encuentro que lo mismo se aplica en mi camino de fe. Tú y yo hemos pasado por una gran expedición juntos a través de estas páginas. Y, sin embargo, todavía tengo más preguntas, muchas más. Apuesto a que tú también. Todavía tengo curiosidad sobre aspectos de Dios, Jesús y el cristianismo. Todavía me pregunto por qué le pasan cosas malas a la gente buena. Todavía me pregunto por qué mi vida se ve así a veces. Todavía tengo momentos de duda e incertidumbre. Pero me siento bastante cómodo con mi incapacidad para encontrar las respuestas a todas mis preguntas. No me desanima pensar que todo conocimiento está fuera de mi alcance. De hecho, atrae aún más mi curiosidad, de la misma manera como mi amor por estar en las montañas no se ve disminuido por el hecho de que nunca subiré a todos los picos.

> No tener todas las respuestas no quebranta ni deslegitima la fe.

Me veo obligado a seguir explorando. Investigar una pregunta abre otras tres que deben hacerse. Los conocimientos adquiridos iluminan aún más preguntas y por lo tanto, impulsan la búsqueda continua de más respuestas. No tener todas las respuestas no quebranta ni deslegitima la fe. De hecho, creo firmemente que Dios quiere que sigamos buscando, sigamos pidiendo, sigamos persiguiéndolo a él y su amor, el cual sobrepasa todo conocimiento humano. La autora Hannah Brencher reflexiona sobre esto en su libro *Come Matter Here*:

> Creo que Dios es lo suficientemente noble para nuestras grandes preguntas y mayores frustraciones. Las respuestas pueden no llegar dramáticamente. Puede que no estén justo en frente de mi rostro. Pero tal vez si sigo adelante, si sigo haciendo todas las preguntas que están en mi corazón, algo milagroso podría suceder. Podría encontrar algunas respuestas, o podría encontrar la paz en el no saber. Mi elemento favorito de Dios es el no saber. Me encanta eso de mi relación con Dios. Me encanta que haya zonas grises. Me encanta que no pueda ser lo suficientemente sabia como para entender todo lo que esta vida me ha dado. Hay docenas de cosas que se informan en las noticias o que suceden en mi vida personal que me dejan levantando las manos, encogiéndome de hombros y diciendo: 'No estoy muy segura. No lo entiendo'. No siempre está en mí conseguirlo. [2]

Descubro que incluso después de treinta y seis años de matrimonio, mi esposa sigue siendo un misterio. Aunque la conozco mucho mejor que ese sábado cuando dijimos "Sí," en nuestro matrimonio, siempre hay más que aprender. Las personas son criaturas profundas, complejas y multifacéticas. De hecho, todavía estoy descubriendo más *sobre mí*. Una nueva situación, algunas conversaciones con un viejo amigo, un nuevo libro o película, y, ¡bam!, llego a nuevos descubrimientos sobre quién soy y por qué respondo a las cosas de la manera en que lo hago. Recientemente me reuní con un consejero que me ayudó a ver cómo entro en "angustia" en situaciones estresantes y por qué tengo conflictos con un compañero de trabajo que es diferente a mí. Es asombroso cuánto más podemos descubrir sobre una persona, después de décadas juntos, incluso cuando esa persona somos nosotros mismos.

Ahora magnifica eso por el infinito. Eso es todo lo que se descubre acerca de Dios a medida que aprendemos quién es él. Ante el misterio divino, podemos levantar los manos exasperados o podemos optar por continuar nuestro camino de fe. Nuestras dudas nos impulsan a hacer más preguntas, por ende, nos llevan a sumergirnos en la exploración más profundamente, lo cual nos hace luchar enteramente con las respuestas. Leemos; hablamos con otros; pensamos; oramos; reflexionamos; y, así, crecemos.

Aunque has llegado al final de este libro, tu exploración sobre Dios y tus desafiantes preguntas espirituales no se detendrán aquí. Ni deberían. En el último capítulo, discutimos algunas de las formas en que puedes continuar explorando a Dios. Puedes leer la Biblia. Busca una traducción diferente o una Biblia de estudio que proporcione más contexto histórico y lingüístico. Puedes practicar la oración. Prueba una nueva forma de orar, como leer oraciones bíblicas en voz alta u orar en la naturaleza. Puedes buscar la comunidad con otros que están explorando a Dios. Busca un grupo pequeño en una iglesia local o inicia tu propio Grupo de Discusión Explora Dios. ExploreGod.com tiene una biblioteca sólida de recursos para ayudarte a avanzar en tu camino de fe mientras trabajas para descubrir respuestas a tus preguntas difíciles. ¿Qué preguntas te están desafiando más en este momento? Comienza allí.

Lo más importante, nunca dejes de explorar.

Notas finales para el Conclusión
1. H. Jackson Brown Jr., comp., *P.S. I Love You: When Mom Wrote, She Always Saved the Best for Last* (Nashville: Thomas Nelson, 1991), pág. 13. La cita es de la madre de la autora.
2. Hannah Brencher, *Come Matter Here: Your Invitation to Be Here in a Getting There World* (Grand Rapids, MI: Zondervan, 2018), 191.

Agradecimientos

Si disfrutaste este libro, debes agradecer a Auburn Layman, quien editó cada oración. Su ojo para los detalles, la búsqueda de fuentes y el oído para una frase que suene bien, mejoraron significativamente la escritura.

Agradezco a Global Media Outreach (GMO) por asociarse conmigo para publicar Las 7 Grandes Preguntas. Me inspira su corazón para dar ideas espirituales a personas de todo el mundo.

Mi esposa, Tamara, continuamente me alienta a escribir lo mejor posible. Doy gracias a Dios por ella.

Finalmente te reconozco a ti, el lector. La comunicación toma al menos dos personas. Gracias por elegir este libro. Te invito a continuar la conversación conmigo o con Global Media Outreach. Puedes enviarme un correo electrónico a bmiller@cfhome.org. Puedes ponerte en contacto con GMO en info@gmomail.org.

Acerca del Autor

Bruce se graduó como Phi Beta Kappa de la Universidad de Texas, en Austin, con una licenciatura en Plan II, el Programa de Honores de Artes Liberales; obtuvo una maestría en Teología del Seminario Teológico de Dallas; e hizo un trabajo de doctorado en la Universidad de Texas, en Dallas, en Historia de las Ideas (con énfasis en la hermenéutica filosófica, Hans-Georg Gadamer y el posmodernismo). Enseñó Teología durante cuatro años en el Seminario de Dallas.

Junto a un equipo sólido, Bruce fundó Christ Fellowship (CFhome.com) en McKinney, Texas, donde disfruta servir como pastor principal. Bruce sirve a su comunidad local en varios roles de liderazgo, uniendo a otros para marcar la diferencia en las personas de escasos recursos.

Bruce y su esposa, Tamara, disfrutan pasar tiempo con sus hijos adultos y mimando a sus maravillosos nietos. En su tiempo libre, a Bruce le encanta jugar racquetball, usar una motosierra y sentarse junto a una chimenea. Se emociona cada vez que puede hacer un tiempo para ir a las Montañas Rocosas.

El corazón de Bruce de ver a las personas vivir vidas más felices y plenas, provocó la escritura de Tu Vida en Ritmo. Su amor por la escritura ha resultado en varios libros más, incluidos Sacudido; Cuando Dios no tiene sentido y Big God in a Chaotic World (El gran Dios en un mundo caótico). Puedes obtener más información sobre Bruce y sus otros libros en BruceBMiller.com.

Sobre Global Media Outreach

Global Media Outreach es una familia de ministerios en línea que aprovechan el poder de la tecnología para brindar a cada persona en la tierra múltiples oportunidades de conocer a Jesús. En 1995, Walt Wilson se sentó en una reunión en el Instituto de Tecnología de Massachusetts (MIT) para discutir el impacto de la recién lanzada red mundial (World Wide Web). Mucho antes de que el Internet estuviera disponible en las palmas de nuestras manos, Dios le dio a Walt una visión de cómo esta nueva tecnología podría usarse para compartir la verdad y la esperanza del Evangelio con todo el mundo. En 2004, esto se convirtió en Global Media Outreach (GMO).

GMO ha lanzado varios ministerios digitales, sitios web de discipulado y campañas publicitarias en varios idiomas en todo el mundo, todo lo cual permite que el mensaje del Evangelio llegue a los rincones más remotos del mundo. Con la introducción de su plataforma de discipulado y respuesta personal, GMO se asegura de que cualquier persona que se conecte con un ministerio o anuncio, pueda participar en una orientación personalizada continua.

Desde su fundación, GMO ha compartido el Evangelio miles de millones de veces y ha visto a cientos de millones de personas encontrar una relación personal con Jesús. Para obtener más información sobre GMO, visita www.globalmediaoutreach.com.

Sobre Explora Dios

Explora Dios es un ministerio digital dentro de la familia de GMO que se creó como un lugar seguro para que cualquiera pueda hacer sus preguntas espirituales y encontrar información fácil de entender. Explora Dios ayuda a las personas a explorar, experimentar y comprometerse con los planes de Dios para sus vidas. Para lograr esto, el ministerio aborda temas difíciles basados en la fe, y ayuda a las personas a descubrir respuestas a través de contenido convincente y creíble.

El sitio web de Explora Dios y las comunidades de redes sociales se componen de contenido original, creado por expertos y exploradores reflexivos de todo el mundo. La serie de las 7 Grandes Preguntas sobre la que se construye este libro es una pieza fundamental de Explora Dios. Está disponible como una serie de grupos de discusión basada en videos, así como en formato de serie de sermones.

Puedes obtener más información en español en www.ExploreGod.com/es.

www.ingramcontent.com/pod-product-compliance
Lightning Source LLC
Chambersburg PA
CBHW071957070526
44583CB00015B/1230